나는 이웃을 위해 무엇을 해야 하는가
나는 사회를 위해 무엇을 해야 하는가
나는 나라를 위해 무엇을 해야 하는가
나는 인류를 위해 무엇을 해야 하는가

정법을 알고도
그럴 사람은
　　없습니다!

정법을 알고도 그럴 사람은 없습니다! ❸
초판 1쇄 발행 2020년(後紀 8年) 1월 15일

말한이_천공
기획_신경애
발행처_주식회사 정법시대
등록번호_제2018-000009호
Tel_(+82) 02. 2272. 1204
Fax_02. 2135. 1204
Homepage_www.jungbub.com
YouTube_www.youtube.com/jungbub2013
Vimeo_www.vimeo.com/jungbub2013
ISBN_979-11-89546-19-9 04810
ISBN_979-11-89546-16-8 04810(세트)

* 저작권자와의 협의에 의해 인지를 붙이지 않습니다.
* 저작권법에 의해 보호받는 저작물이므로 무단전재와 무단복제를 금지하며,
  이 책 내용의 전부 혹은 일부를 이용하려면 반드시 저작권자와
  주식회사 정법시대의 서면 동의를 받아야 합니다.

© 천공

정법을 **알고도**
그럴 사람은
  없습니다!

❸

천 공

일러두기

책에 수록된 내용은 2011년 11월부터 유튜브에 올린 강의 중 일부를 선별하여
정리한 것입니다. 그 자료가 워낙 방대하기에 시간적 배열과 상관없이
그 중요성을 감안하여 차트별로 배열하였습니다.

질문자에 맞추어 강의를 한 것이기에 다소 중첩된 부분들이 들어있습니다.
하지만 그 부분 역시 그 질문에 충실한 답이 되기 위해서는
반드시 필요한 내용들이기에 이 점을 감안하여 편집하였습니다.

강의 내용을 글로 옮긴 것으로 최대한 강의 내용에 벗어나지 않도록 하기 위해
단어 선택에 있어서도 원문을 그대로 인용하였기에
표준어가 아닌 단어들도 많이 들어있음을 양지하시기 바랍니다.

차
례

정법강의 4562강 폭넓은 인간관계 009

정법강의 8141강 돈의 힘 019

정법강의 3709-3710강 에너지 이동, 가구 재배치 029

정법강의 4439강 암(癌) 치유법 043

정법강의 1963-1964강 사람을 아는 방법, 대화와 존중 053

정법강의 4507강 낳은 정(情) 기른 정(情) 069

정법강의 4393-4394강 사업 실패 후 재기 077

정법강의 3610-3611강 1인 가구의 행복 089

정법강의 4562강
폭넓은 인간관계

강의일자: 2009. 11. 28.

QUESTION

스승님께서 하신 법문 중에 대화 법문도 있고 인연 법문도 있습니다. 그런데 인간관계를 맺는 데에 어떤 이들은 다양하게 많은 인간관계를 맺고 어떤 이들은 몇 사람 안 되지만 깊이 있게 오랫동안 사귀는 부류가 있는 것 같습니다. 이런 부분에 대해 말씀 부탁드립니다.

바르게 하나 잡고 갑시다. 앞으로는 사람을 깊이 사귀지 마십시오. 또 직장의 일도 깊이 하지 마십시오. 어떻게 보면 지금 이 사람이 사회에 훼방 놓는 말을 하는 것 같겠지만, 앞으로의 사회에서는 그렇게 해야 합니다. 나에게 주어지는 인연을 바르게 대하되 집착을 하지 말라는 것입니다. 그리고 나에게 주어지는 일을 바르게 하려는 노력은 하되 집착은 하지 마십시오. 내가 하는 일은 계속 바뀌어야 하니, 그 일을 계속한다는 생각을 하지 말라는 것입니다. 다시 말해, 한 우물을 팔 생각을 하지 말라는 것입니다.

어떤 일을 하기 위해서 그 자리에 가는 경우도 있고, 다른 일을 하기 위한 과정으로 그 자리에 가는 경우도 있습니다. 지금부터는 다양한 세상을 살게 되어 있습니다. 예를 들어 A를 만나기 위해 B를 먼저 만나기도 하는데, 이때 B에게 미련팔고 있으면 A를 만나지 못합니다. B를 만나서 내 일을 하고 있으면 나를 탐내는 사람이 옵니다. 그러면 그 사람과 함께 가야 합니다. 계속 B의 곁에 머물면서 의리를 지킨다는 생각은 하지 마십시오. 그렇게 하는 것은 미련한 것입니다. 상대의 곁에 머물면서 상대를 돕겠다는 것은 질 낮은 버전입니다. 정말로 상대가 고맙거든 더 발전할 수 있는 길로 가서 더 성장하여 그동안 고마웠던 사람을 도우면 됩니다. 그렇게 하지 않고 내가 고마웠던 사람에게 의리를 지킨다며 계속 같이 있으면 둘 다 망합니다. 이것은 서로에게 도움이 되지 않습니다. 과거 우리가 힘을 갖추던 시절이 있었습니다. 그때는 한 가지를 같이 열심히 할 때 힘을 갖출 수 있었습니다. 그러나 앞으로는 펼치는 시대입니다. 시야를 넓혀야 합니다. 그러니 한 가지를 곰파서는 안 됩니다. 펼칠 때는 더 큰 곳으로 계속 움직여야 합니다. 회사에서 일을 할 때에도 전공 분야만 열심히 하고 다른 것은 할 수 없다는 생각을 하지 마십시오. 내 자리에서 충분히 실력을 갖추었기에 다른 것은 조금만 접하더라도 다 알게 되어 있고 거기서 또 큰일을 해낼 수 있습니다.

이것이 어떠한 원리이냐? 우리가 지식을 쌓다 보면 자기 '전문성'이라는 것이 생깁니다. 전문성은 70%까지가 다입니다. 내가 전문적인 공부를 하면서 전문지식을 쌓아도 절대 100%는 쌓을 수 없습니다. 이 대자연의 원리가 그렇게 되어 있습니다. 그러니까 내가 그 분야의 전문가이고 제일 잘 안다는 생각을 하지 말라는 것입니다.

그러면 모자라는 30%는 누가 가지고 있느냐? 비전문가가 가지고 있습니다. 70%는 전문가가 가지고 있지만 나머지 30%는 비전문가에게 있다는 사실입니다. 자세히 말하면 나머지 30%는 무식한 자에게 있을 수도 있고 다른 분야의 전문가가 가지고 있을 수도 있습니다.

그래서 전문가들이 전문가가 되고 나면 세미나를 하는 것입니다. 세미

나를 할 때에는 같은 분야의 사람들과만 세미나를 하는 것이 아니라 다른 분야에 있는 사람들과 세미나를 해야 합니다. 그런데 '다른 분야 전문가들이 나의 전문 분야를 알면 얼마나 더 알겠는가?'라고 생각할 수도 있습니다. 그러면 내 전문 분야는 내가 제일 잘 아는데 다른 사람들과 세미나는 왜 합니까? 내 전문 분야에 없는 것들이 거기서 다 튀어나오기 때문입니다. '내 전문 분야에서 십여 년 동안 이만큼 노력을 했는데도 모르는 것을 다른 분야의 사람이 어떻게 이것을 알고 있는지…' 하고 존경스러운 것입니다. 전문가가 아니기에 전문가에게 없는 것을 가지고 있는 것입니다. 그래서 세 살짜리에게도 배울 것이 있다고 하는 것입니다.

왜 대화가 필요하고 상대가 필요하느냐? 내가 가지고 있지 않은 것, 내가 도저히 이루어낼 수 없는 것을 상대가 가지고 있기 때문입니다. 화기애애하게 분위기를 잘 만들어내면 상대에게서 나에게 필요하지만 모자란 것이 톡 튀어 나와 여기에 덜렁 얹어 준다는 말입니다. 그래서 내가 뚫지 못하는 길에 다시 올라서게 해 줍니다. 일은 이렇게 해야 하는 것입니다.

우리가 어떤 일을 할 때, 언제 인기가 제일 좋으냐? 100%를 기준으로 70% 일할 때가 제일 보기 좋은 것입니다. 그래서 이때 사람들이 나를 면접보러 오고 탐내며 스카우트를 하려고 옵니다.

상대가 나를 스카우트 하려고 할 때는 내 자리보다 약간 높은 다른 분야의 자리를 제시합니다. 그럴 때는 "저를 필요로 한다면 가겠습니다"라고 해야 합니다. 이렇게 다른 분야의 약간 높은 자리로 스카우트 되어 가면 처음에는 시간이 조금 걸립니다. 그러나 옮겨간 자리에 있다 보면 남의 것들이 잘 보이게 됩니다. 그래서 내가 70% 일을 하고 있으면 다시 윗사람이 내려와서 말을 걸어 시험을 치게 됩니다. 이때 내가 하는 답변에 윗사람이 깜짝 놀라며 나를 필요로 하게 됩니다. 그렇게 해서 내가 높은 자리로 가게 되는 것입니다. 이곳이 어떻게 보면 낮은 곳 같아 보이지만 먼저 있던 곳보다 엄청 높습니다. 자리이동은 이렇게 지그재그로 갑니다. 그래서 지그재그로 세 바퀴만 돌면 아주 높은 자리에 가 있습니다. 누군가가 나를 탐낼 때 나를 필요로 하는 곳에 가서 돈을 바라지 않고 열심히 하고자 노력한다면 대우는 저절로 받게 되어 있습니다. 대우와 관계없이 나를 필요로 하는 사람에게 가서 일해야 합니다.

그런데 지금 고마운 사람에게 미련팔고 의리를 지킨다고 하면서 이 사람에게 물어오는 사람들이 많습니다. 단호하게 말하지만 그럴 때는 가야 합니다. 내가 없어서 여기 사장이 망하든 말든 당신은 오라고 하는 곳으로 가야 합니다. 그렇게 하지 않고 의리를 지킨다며 조금 더 있으면 엄청 크게 한방 두드려 맞습니다. "그때 가는 건데" 이런 말을 정확하게 하게 됩니다. 내가 움직이지 않고 있으면 사장이 나에게 엄청나게 섭섭한 행동을 합니다. 그런 일을 겪고 나면 그때 그 좋은 조건이 있어도 안 가고 여기 있었는데 나를 이렇게 대한다며 속상해 합니다. 에라이 미친놈아! 미련팔고 있는 것을 치는 줄 왜 모르냐!

나를 필요로 하는 곳으로 가서 열심히 내 실력을 발휘하며 노력하고 또 다른 곳에서 나를 필요로 한다면 거기로 가서 열심히 노력하면 됩니다. 어디에 있든 그것이 무슨 상관입니까? 모두 이 나라 안에서 하는 것입니다. 이 나라가 빛나도록 내가 열심히 일을 하면 되지 그 자리가 어떤 자리든 무슨 상관이 있습니까?

큰 생각을 가져야 합니다. 내가 삼성에서만 열심히 해야 한다는 법이 없습니다. 삼성도 현대도 전부 다 이 나라에 있는 것입니다. 내가 삼성에만 의리를 지킨다고 해서 그 의리 때문에 삼성이 사는 것이 아닙니다. 우리는 생각을 크고 넓게 해야지 한 곳에 집착을 하면 안 됩니다.

어떤 사람은 "그래도 우리 언니인데 어떻게 모른 척을 합니까?"라고 합니다. 언니는 언니대로 살게 하고 나는 나대로 살아야 합니다. 그래야 언니가 잘됩니다. 또 어떤 사람은 잘 보살피지도 못하면서 동생은 내가 보살펴 주어야 한다고 합니다. 그러나 내가 동생을 질적으로 잘 보살필 수 없다면 내가 동생을 놓았을 때 더 잘 보살펴 줄 수 있는 사람이 옵니다. 내가 붙잡고 있어서 동생에게 다른 사람이 오지 못하는 줄은 왜 모릅니까? 놓아야 할 때는 과감히 놓을 줄 알아야 상대도 발전을 할 수 있습니다.

내 부모는 내가 모시는 것이 효도인 줄 알지만, 부모는 자식이 잘사는 모습을 볼 때 마음이 편해진다는 것을 알아야 합니다. 부모도 부모의 일을 열심히 잘할 때 비로소 자식이 잘되는 것입니다. 부모가 웃으면서 아주 재밌고 즐겁게 살 때 자식은 스스로 잘됩니다. 왜? 부모가 부모의 일을 잘하고 있기 때문에 자식은 하늘이 스스로 돕는 것입니다. 이것이 대자연이고 신神입니다. 부모가 자식을 내 자식이라고 품어버리면 신神은 간섭할 수 없습니다.

부모에게는 부모의 삶이 있고 자식에게는 자식의 삶이 있습니다. 그래서 부모가 자식에게 너무 집착하면 오히려 자식의 앞날이 풀리지 않는다는 것입니다. 자식이 잘 걷지 못할 때 걸을 수 있게 도와주고 아직 제대로 갖추지 못했을 때는 이끌어 주는 것입니다. 그러나 자식이 성장하고 나면 자기가 주도해서 살아가야 할 자신의 인생이 있는 것입니다. 부모가 그것을 좌지우지하기 시작한다면 자식이 올라가는 것을 끌어당기는 꼴이 됩니다. 자식의 사회 면역성을 떨어뜨리고 자식이 살아나가는 길을 전부 다 막고 있는 것입니다. 자식이 다 성장하고 나면 부모는 바르게 살지 못했던 자신의 인생을 찾아서 열심히 살고, 자식은 자식의 인생을 열심히 살 수 있도록 뒤에서 기운으로 받쳐만 주면 됩니다. 한 번 더 강조하지만, 자식이 다 컸는데도 부모가 아직 간섭을 한다면 자식을 망치는 것입니다. 자식을 잘 바라보면서 부모가 자신의 일을 즐겁게 하고 있을 때 자식은 스스로 성장한다는 사실을 알아야 합니다. 그러니까 어디든 집착하면 안 되고, 한 가지에 곰파면 안 됩니다.

정법강의 8141강

돈의 힘

강의일자: 2018. 12. 09.

QUESTION

돈만 있으면 모든 것을 할 수 있다고 합니다. 정말 돈으로 모든 것을 할 수 있는지, 돈의 힘이 어느 정도인지 궁금합니다.

천 지창조 이래로 국제 사회에 돈을 이만큼 많이 만들어 놓은 적이 없습니다. 엄청나게 많은데도 우리는 돈이 없어서 못 살겠다고 모두들 "돈, 돈" 거리고 있습니다.

돈은 많습니다. 돈은 많은데 왜 우리에게 쓸 돈을 주지 않느냐? 쓸 돈을 주지 않은 것이 아닙니다. 돈을 다 주었는데도 그 돈을 남에게 다 주어 버린 것입니다. 다시 말해, 남에게 다 빼앗겨서 돈이 없다는 것입니다. 그러면 돈이 많은 사람은 왜 돈이 많으냐? 다 빼앗아서 많습니다. 그런데 돈이 많은 사람들도 이 빼앗은 돈을 어떻게 쓸지를 몰라서 이상한 일이 벌어지고 있습니다. 돈을 빼앗은 자도, 빼앗긴 자도 돈이 무엇인지를 모르고 있기 때문입니다.

지금 이 많은 돈의 대부분을 조직들이 가지고 있습니다. 여기서의 조직이란 이 나라를 구성하고 있는 3대 조직 즉 종교, 기업, 정부를 말합니다. 일은 국민들이 열심히 하는데, 돈은 이 3대 조직에서 움직이는 것입니다. 그래서 대부분의 돈은 3대 조직으로 들어가고 국민들에게는 30%의 돈이 남습니다. 다시 말해, 70%는 조직에서 다 관리를 하고 나머지 30%를 가지고 국민들이 쓰는 것입니다.
그렇다면 국민들에게는 돈이 없는 것이냐? 아무리 이 조직들이 돈을 많이 가지고 있다 하더라도 이것은 우리 국민들의 돈입니다. 문제는 국민들이 이 돈을 잘 쓸 수 있는 사람들로 성장을 했느냐는 것입니다. '국제 사회에 있는 돈을 잘 쓸 수 있도록 성장했는가?' 이 말입니다. 국민들이 그렇게 성장하지 못했기 때문에 돈이 풀리지 않고 있습니다. 풀어보려고 아무리 애를 써도 이 돈은 풀리지 않습니다.

이제는 이 돈을 쓸 줄 아는 사람들이 나와야 합니다. 이 돈을 쓰기 위해서는 그에 맞는 명분이 있어야 합니다. 명분을 정확하게 가지고 오면 돈을 내어줄 것입니다. 우리는 자꾸 돈에 욕심을 내는데, 돈을 주면 잘 쓸 수는 있습니까? 돈을 어떻게 쓸 것인지 그 명분을 가지고 이 사람에게라도 오십시오. 그러면 이 사람이 어떻게든 돈을 만들어주겠습니다. 돈을 어디에 쓰려고 하는지 기획을 가지고 오라는 것입니다.

돈이란 무엇이냐? 국민들과 인류의 피와 땀으로 만들어진 것입니다. 기본적으로 먹고사는 데에 필요한 돈은 나에게 주어진 일을 조금만 하면 다 옵니다. 그런데 사람들이 지금 기본적인 일도 하지 않기 때문에 돈 문제로 힘든 것입니다.
설계를 해 오십시오. 분명히 많은 돈이 들어오게 해 주겠습니다. 기획을 잘 했는데도 자연에서 돈을 주지 않는다? 그런 법은 없습니다. 돈은 살아 움직이는 에너지이고, 또한 인류의 약속입니다. 그래서 돈은 함부로 움직이지 않습니다. 돈은 내가 잘못하면 나에게 오지 않고 내가 잘해야 오는 것입니다.

그렇다면 내가 사기를 당했을 때 나의 잘못인지 이 사람에게 묻고 싶을 것입니다. 당연히 나의 잘못입니다. 사기꾼이 돈을 가지고 가는 것은 잘하는 것입니다. 돈을 잘 쓰지도 못하는 사람이 돈을 가지고 있으니까 사기꾼이 와서 살살 흔드는 것입니다. 그래서 돈이 이동하는 것입니다. 이 돈은 어디로 나가도 나가게 되어 있습니다.

그런데 사기꾼이 가져간 돈이 사기꾼에게 쌓이느냐? 사기꾼도 또 다른 데에 다 써야 합니다. 사기꾼은 개인이 잘 쓰지 못하는 돈을 사회에 돌려주는 역할을 하고 있습니다. 그래서 사기꾼들은 항상 가난합니다. 또 사기를 잘못 치고 나면 교도소에 가서 교화를 받아야 합니다. 사기를 잘 쳤으면 엄청나게 재밌었을 텐데 잘못 치니까 잡히는 것입니다. 사기를 잘 치면 이 사회에 선순환이 됩니다. 사기는 하나의 기획 프로젝트입니다.

사기꾼은 모두 하느님의 일꾼입니다. 그래서 사기를 당했을 때는 사기꾼을 탓할 일이 아니라 사기당한 자신을 다시 한 번 되짚어 보아야 합니다. 사기당하는 자신을 공부하지 않고 그대로 산다면 사기는 또 당하게 되어 있습니다. 나 자신을 돌아보라고 그런 일이 일어나는 것입니다. 자연이 왜 나에게서 이 돈을 거두어 갔는지를 반성하고 잘못을 바로잡는 노력을 하면 거두어 간 돈은 다시 돌려줍니다. 그런데 내 반성은 하지 않고 사기꾼만 탓하고 있다면 이 돈은 절대 돌아오지 않습니다.

돈이 무엇인지에 대해서는 이 정도로 풀어놓고, 돈을 어떻게 써야 하는지에 대해 풀어주겠습니다. 돈은 4 : 3 : 3의 법칙에 맞게 써야 합니다. 돈이 들어오면 우선적으로 생활비로 40%를 써야 합니다. 그리고 30%는 자신을 갖추는 경비로 써야 합니다. 그래야 미래가 있습니다. 그리고 나머지 30%는 주위 사람들과 교류하는 경비로 써야 합니다.
그런데 우리가 자신을 갖추는 데에 돈을 쓰지 않으면 어떻게 되느냐? 시간이 지날수록 자꾸 어려워집니다. 돈도 적게 들어오고 돈이 들어와도 남에게 빼앗겨서 자꾸 잃게 됩니다. 내 자신을 갖추는 경비로 쓰는 것은 미래를 위한 것입니다. 내일을 위하고 한 달 뒤를 위하고 1년 뒤를 위하는 것이다, 이 말입니다.
우리에게 준 돈을 잘 쓰고 있다면 자연에서는 우리가 더욱 자신을 갖추고 질 좋은 삶을 살 수 있도록 주위에 사람을 보내주고 필요한 경비도 다 주게 되어 있습니다. 그런데 자신을 갖추는 데에 힘쓰지 않고, 주위의 사람들과 잘 융화하는 데에 경비를 쓰지 않는다면 더 좋은 사람을 주지 않습니다. 그렇게 되면 앞으로 우리가 해야 할 일을 더 질량 있게 하지 못하고 계속 그 자리에 머물러 있게 됩니다.

돈은 모으는 것이 아니라 쓸 데가 없으면 그냥 놓아두면 됩니다. 놓아두었더니 그냥 모이는 것입니다. 돈을 모으려고 욕심을 내면 갖추지는 않고 그냥 돈만 모으는 것이니 사고가 나게 됩니다. 누군가 분명히 그 돈을 걷으러 옵니다.
다시 말하지만, 돈을 쓸 데는 쓰고 쓸 데가 없으면 그냥 놓아두십시오. 이렇게 하면 그 돈을 걷으러 오지 않습니다. 그런데 돈을 쓸 데에 쓰지 않고 욕심으로 모아놓으면 누군가 이 돈을 가지러 옵니다. 그러니 우리는 가지고 있는 돈으로 주위 사람들과 잘 지내면서 공부를 해야 합니다. 그런데 공부는 하지 않고 돈을 모으기만 하면 분별력이 떨어져서 모아놓은 돈을 가지러 오는 사람에게 바로 빼앗기게 됩니다. 사기도 그렇게 해서 당하는 것입니다. 그리고 어려움을 풀고자 찾아간 종교 조직에서 나를 흔들어 내가 가진 돈을 거기에 다 주게 됩니다. 이렇게 나간 돈은 다시 돌아오지 않습니다.

돈은 우리가 잘 쓰면 돌아오지만 잘 쓰지 못해서 빼앗기면 돌아오지 않습니다. 잘 쓴 돈은 분명히 돌아옵니다. 그래서 돈을 잘 써야 합니다. 만약 돈을 잘 쓰지 못하고 모으고 있다면 잘못하고 있는것이므로 정확하게 걷으러 옵니다. 그렇게 해서 사고도 나고 자식에게 문제가 생겨서 돈을 대신 갚아야 하는 일도 생깁니다. 이것이 다 억지로 모아놓은 돈 때문에 일어나는 것이니 나에게 준 돈은 잘 써야 합니다.

이제는 돈을 쓰는 시대이지 모으는 시대가 아닙니다. 돈은 잘 쓰면 필요한 만큼 자꾸 더 줍니다. 그러니 주는 돈을 모으지 말고, 쓸 것은 쓰고 남는 것은 그냥 두십시오. 그렇다고 있는 돈을 다 써서 없애라는 말이 아닙니다. 우리에게 들어온 돈은 다 쓰려고 해도 어차피 다 쓰지 못할 것이니 남는 것은 그냥 두십시오. 돈은 이렇게 모여야 합니다. 그리고 이렇게 모인 돈은 빼앗기지 않습니다. 그런데 쓸 돈을 쓰지 않고 억지로 모아둔 돈은 빼앗깁니다. 이해됩니까?

정법을 알고도
그럴 사람은
없습니다!

정법강의 3709 - 3710강

에너지 이동, 가구 재배치

강의일자: 2013. 08. 31.

QUESTION

스승님께서 지난번 강의에서 금덩어리도 에너지라고 하시며 쓰지 않고 한자리에 가만히 두면 이동수가 생기니 몇 개월에 한 번씩 옮겨주라고 하셨습니다. 그런데 이것이 약간 꼼수라는 생각이 듭니다. 금덩어리를 잃어 버리지 않으려면 계속 옮겨야만 하는지요?

금덩어리를 잃어버리지 않으려면 옮겨야 합니다. 집에 금을 보관하라고 하는 말이 아니라 집에 금을 두어도 잃어버리지 않으려면 질량에 맞게 이동시켜야 한다는 말입니다.

대자연에는 '에너지 질량 이동의 법칙'이 있습니다. 에너지라는 것은 땅 밑에 묻혀 있더라도 그 질량만큼 시간이 지나면 나오게 됩니다. 한때 금을 엄청나게 많이 캐던 시절이 있었습니다. 금은 몇천 년 사이에 캐기 시작했던 것이지 몇만 년 전에는 캐지 않았습니다. 금을 만지는 것은 몇천 년밖에 되지 않았습니다. 이 지구가 형성된 초기에 금이 없었던 것이 아니라 금을 캘 때가 아니었기 때문에 캐지 않았을 뿐입니다.

앞으로는 그렇게 금을 캐지 않습니다. 지금은 이 지상에 움직일 금의 질량이 다 나왔습니다. 또한 땅 밑에 있어야 될 것은 땅 밑에 있어야 합니다. 그래야 땅이 힘을 쓸 수 있습니다. 땅 밑에 있어야 할 모든 물질이 있을 때 비로소 땅이 힘을 갖게 되는 것입니다.

지난 몇천 년 동안 땅 속에 있던 금을 캐내어 땅 위에 놓아두었습니다. 그러나 이것을 한자리에 너무 오래 놓아두면, 나라를 움직여서라도 이동을 시킵니다. 다시 말해, 나라를 망하게 해서라도 움직이게 한다는 것입니다. 그래서 에너지는 항상 순환을 시켜야 합니다.

지금 우리 생활 속의 작은 질량의 것을 묻다 보니 작게 풀어주었지만 큰 질량의 것은 국가의 존폐 문제로까지 연결됩니다.

우리 집안에 선물로 들어온 금반지나 금두꺼비가 있거나 부자가 되려고 금부채나 금열쇠를 모아 두었다면, 질량이 작은 것은 자주 움직여 주어야 하고, 질량이 큰 것은 가끔 움직여 주어야 합니다. 왜 그러하냐? 질량이 작은 물건은 쉽게 손을 탈 수 있는 자리에 놓고, 귀하게 놓아두지 않습니다. 반면 질량이 조금 크면 깊숙한 곳에 넣어놓습니다. 자연적으로 그렇게 됩니다. 그래서 굉장히 큰 질량의 금덩어리를 집안에 둘 때는 자동적으로 꼭꼭 숨겨놓게 됩니다. 사람은 센서가 있기 때문에 자동으로 그렇게 합니다. 그렇게 넣어둔 것은 함부로 건드릴 수 있는 자리에 있는 것이 아니기 때문에 다른 사람에게 노출되기까지 시간이 한참 걸립니다.

그래서 집안에 둔 작은 질량의 금덩어리를 도둑맞지 않으려면 한 번씩 다른 곳으로 이동시켜 놓으라는 것입니다. 이렇게 하면 손을 타지 않습니다. 그런데 한자리에 오래 놓아둔 채 질량에 비례한 시간이 지나고 나면 이것은 분명히 손을 탑니다. 만약 도둑이 와서 손타지 않으면 자식이 도둑이 되어서라도 금덩어리를 들고 나갈 일이 생기게 합니다.

이 사람이 이렇게 말하니까 대충 들리는 모양인데, 자식을 도둑으로 만들지 않으려면 부모가 주의해야 합니다. 자식은 도둑이 되고 싶어 되는 것이 아니라 부모가 욕심이 많으면 자식이 도둑이 되는 것입니다. 자식은 부모를 보고 성장합니다. 그래서 욕심 많은 부모가 질량이 큰 물건을 집안에 자꾸 숨겨 놓으면 자식은 그것을 보게 됩니다. 그리고 부모가 그렇게 살면서 자식을 방치하면 자식은 좋지 않은 습관이 들게 되어 있습니다. 그래서 친구들을 만나는 것도 건전하지 못해 이상한 모의를 하게 됩니다. 이 모의하는 질량이 집에 있는 물건의 질량과 맞춰질 때 주파수가 걸려 그 물건이 생각나게 됩니다. 그래서 자식이 평소에 집에서 보았던 물건과 모의를 한 질량이 일치가 딱 되면 자식은 '이것을 들고 나오면 되겠다'는 생각이 나게 되어 그 물건에 손이 가는 것입니다. 이렇게 자식에게도 좋지 않은 버릇이 싹트기 시작하는 것입니다. 다시 말해, 부모가 집안에 물건을 잘못 놓아두면 자식을 이상한 사람으로 만들게 된다는 것입니다.

그렇다면 부모가 자식을 이상하게 만들지 않으려면 어떻게 해야 하느냐? 사회에서 아주 보람 있고 존경받는 일을 하면서 멋지게 사는 모습을 보여 주어야 합니다. 그러면 자식은 저절로 잘 자랍니다.
그런데 그렇게 하지 않고 자꾸 물질을 가져와 집안에 챙겨 놓는다든지, 통장에 넣는다든지 하면 자식은 그것을 보면서 이상한 생각을 하게 됩니다.

다시 한 번 말하지만, 부모가 욕심이 많고 잔머리를 많이 굴리면 자식은 이상하게 자랍니다. 부모가 대인으로 살아야 자식이 스스로 공부가 되고 바르게 성장해서 사회에 큰일을 하는 사람이 됩니다. 이처럼 부모가 어떤 삶을 사느냐는 자녀교육과 밀접한 관련이 있습니다.

집안에 금붙이나 다이아몬드 반지 같은 것을 함부로 놓아두고 잃어버렸다는 말이 나오면, 그 집안은 얼마 가지 않아 망합니다. 이런 일이 일어난다는 것은 집안이 이상하게 돌아가고 있다는 신호입니다.

에너지는 항상 움직입니다. 만약 우리가 물건을 잘 보관하여 집안에 오래 놓아두게 되면 집에 불이 나게 해서라도 움직이게 합니다. 화재가 나서 소방차가 들어와 이 물건을 다른 데로 옮겨서라도 움직이게 하지, 한 자리에 절대 가만히 두지 않습니다. 이것이 에너지입니다.

특히, 에너지 중에서 금이라든지 다이아몬드 같은 보석들은 질량이 아주 크기 때문에 쓰임새가 많습니다. 이렇게 자연에 있는 모든 것은 에너지 질량의 법칙에 따라 움직인다는 것을 알아야 합니다. 그래야 남 탓을 하지 않습니다. 도둑을 맞았다면 도둑을 맞을 만한 이유가 분명히 있으니 절대 남을 탓하면 안 됩니다. 다음에는 이런 일이 생기지 않도록 배우면서 나 자신과 주위를 다스려야 합니다. 그러나 그렇게 하지 않고 남을 탓하면 같은 일이 또 생깁니다.

몸이 아픈 사람도 왜 아픈지 이유를 알고자 하지 않고 좋은 것만 먹고 몸만 나으려 한다면 또 아파집니다. 설령 간암에 걸려 나았다 해도 다시 콩팥암이나 대장암에 걸린다든지 하는 일이 생깁니다. 암에 걸렸던 사람이 자꾸 좋은 음식과 약만 찾고 살아가는 생활환경과 생각의 패러다임을 바꾸지 않으면 암은 재발합니다. 한 번 암에 걸린 사람은 암으로 공부를 시킵니다.

차 사고도 마찬가지입니다. 지금 차 사고라는 큰 충격이 다가왔는데도 차 사고낸 사람을 욕하거나 탓하고만 있으면 또 다시 차 사고가 납니다. 처음에는 몸은 다치지 않고 차만 망가지는 정도였다가 계속 상대를 탓하고 내 생활패턴을 바꾸지 않으니 결국 몸까지 다쳐서 병원에 입원하는 일이 생깁니다. 이때 내 공부를 하지 않고 삶의 패러다임을 바꾸지 않으면, 병원에서 나와도 또 들어가게 되어 단골이 되는 것입니다.

사기를 당하고 남을 탓하면 사기당할 일이 또 일어납니다. 그러므로 남을 탓하지 말고 왜 사기를 당했는지 분석해서 내 삶을 바꾸어야 더 이상 사기를 당하지 않습니다. 사기를 친 사람은 사기를 치고 나면 기분이 좋겠습니까, 나쁘겠습니까? 기분이 좋겠지요? 그런데 기분이 좋은 사람을 욕하면 되겠습니까?

다른 예로, 남편이 바람을 피웠을 때 남편 기분이 좋겠습니까, 나쁘겠습니까? 기분 좋은 남편에게 욕하고 탓을 하면 되겠습니까? 누가 죽을 맛인가요? 당하는 사람이 죽을 맛입니다. 그래서 당하는 사람이 환자입니다. 그러니 내가 어려운 일을 당했다면 빨리 진단하여 내 삶의 패러다임을 바꿔야 합니다. 사고방식을 바꾸면 정확하게 제자리로 돌아옵니다. 그리고 내 삶도 더 좋아집니다.

다시 한 번 강조하지만, 사기를 당했다고 남을 탓하지 마십시오. 무슨 일이든지 내가 어려워졌다면 그 원인은 분명 나에게 있으니 그 이유를 찾아야만 합니다. 이해됩니까?

QUESTION
에너지뿐만 아니라 집안의 가구 배치나 환경도 주기적으로 바꿔 주어야 하는지요?

주기적으로 바꾸어 주는 것이 좋습니다.

무엇이든 한자리에 3년 이상 두지 마십시오. 만약 7년 동안 한자리에 있었다면 그 집은 꽁꽁 얼어있는 것입니다. 변화가 없으니 발전도 하지 못합니다. 한자리에서 3년 정도 바르게 살았다면 더 좋은 집으로 옮기게 되어 있습니다. 집을 옮길 때는 그만큼 질량이 좋아졌기 때문이니, 기존에 쓰던 것과 지금의 질량에 맞지 않는 것은 남에게 준다든지 정리하여 새 집에는 다른 것을 놓고 써야 합니다. 아깝다고 예전 물건을 가지고 이사를 가면 안 됩니다.
이사하면서 예전 물건을 많이 싣고 가는 사람은 발전하지 못합니다. 될성부른 나무는 떡잎부터 알아본다고 이사갈 때 보면 발전을 할 사람인지 아닌지를 알 수 있습니다. 지금은 더 좋은 집으로 이사 간다고 좋아하며 가지만, 아깝다고 예전 물건들을 그대로 가져가는 사람은 거기에서 멈추어 버립니다. 그래서 7년이 지나도, 10년이 지나도 계속 같은 집에 살 뿐 더 좋은 집으로는 가지 못합니다.

항상 이동을 할 때는 변화기입니다. 질량이 떨어지든지, 올라가든지 어떤 방향으로든 변화가 있을 때 이동할 일이 생깁니다. 그럴 때 나의 변화기에 맞추어 물건들도 바꾸고, 내가 살아가는 패러다임도 바꾸어 주어야 합니다. 그렇게 변화기에 맞추어서 발전을 해야 합니다.

그리고 지나간 역사를 자꾸 이야기하는 것도 마찬가지입니다. 자꾸 옛날 이야기만 하면 머물러 있기 때문에 앞으로 나아가지 못합니다. 우리는 앞으로 가야 합니다. 일단 1차 목표를 가지고 나아간 후에 역사를 되짚어 보아도 됩니다. 그 역사는 어디 가지 않습니다.

요즘 일본이나 프랑스에서 우리나라 유물을 가져갔다고 자꾸 찾아오려 하는데, 그냥 두십시오. 그 나라들도 다 우리나라 아닙니까? 우리가 인류에 빛나게 살면 그들이 가져간 유물들은 그들이 알아서 들고 오게 되어 있습니다. 그때도 우리는 "들고 올 것 없이 거기에 놓아두시오." 이렇게 말할 줄 아는 대인이 되어야 합니다. 국제 사회가 모두 하나인데 왜 굳이 우리나라로 가져 오려고 하느냐는 것입니다. 우리나라 유물들을 프랑스에 두면 오히려 그들이 알아서 관리도 잘해 주고 많은 사람들이 볼 수 있게 해 줍니다. 그렇게 해도 사람들은 그 유물이 어느 나라의 것인지 이미 다 압니다. 그러니 그냥 있는 자리에 놓아두십시오. 대한민국에 가져오면 그 나라에 있을 때보다 국제적으로 많은 사람이 보게 할 수도 없습니다. 우수한 것은 같이 써야지, 왜 자꾸 끌고 와서 대한민국에 두려고 합니까?
앞으로 우리는 대인의 생각을 해야 합니다. 글로벌 세상이라고 하면서 자꾸 안으로 움츠러들면 안 되는 것입니다. 국제 사회가 우리의 마당입니다. 그러니 가져간 유물들은 그냥 그 나라에 놓아두십시오.

다시 돌아가서, 이사 가면서 물건을 정리할 때는 아까워하지 마십시오. 1년에 몇 번 쓰지 않는 물건들이 있다면 빨리 남에게 주십시오. 그리고 우리는 남이 아니라 식구입니다. 우리 국민들이 다 우리 식구입니다. 우리가 서로 마음을 닫고 멀게 느껴서 그렇지, 우리가 살기 좋아지고 가깝게 대화하며 지내면 식구가 되는 것입니다. 그러니 서로 남이라고 생각하지 마십시오. 우리 집에 3개월, 5개월이 지나도 잘 쓰지 않는 물건이 있다면 그 물건이 없어서 못 쓰는 사람에게 그 물건을 쓸 생각이 있는지 물어보십시오. 그리고 쓰고 싶다고 하면 그냥 주십시오. 주고 나면 나에게는 더 좋은 것이 올 수 있는 환경이 분명히 만들어집니다. 마음을 넉넉히 가지라는 말입니다.
차의 경우도 똑같습니다. 타던 차를 바꾸려고 할 때 다른 사람이 내 차를 사고 싶어 한다면 값을 다 받으려 하지 말고 '저 사람이 타면 참 좋겠다'는 넉넉한 마음으로 거래하고 나는 새 차를 사십시오.

그리고 새 차를 살 때 지금 형편으로는 조금 무리라고 느껴지는 차를 사게 되면 요요현상이 일어나 나의 환경도 그 차를 운용할 만큼의 수준으로 올라갑니다. 그러나 수준 차이가 너무 나는 물건을 사면 안 됩니다. 뱁새가 황새를 쫓아가려고 하면 가랑이가 찢어지는 법입니다. 항상 내 수준보다 한 단 위의 것을 쓸 때 내 수준이 올라가 그에 맞는 기운을 부르게 됩니다. 그렇게 해서 내가 올라가는 것입니다. 집의 경우에도 너무 지금의 형편에 맞추어 옮기기 보다 한 단계 위의 집으로 이사갈 때 그에 맞는 기운을 받게 됩니다. 욕심내어 세 단계 위의 집으로 이사를 가면 무리가 되어 오히려 뚝 떨어질 수 있습니다.

옷의 경우도 마찬가지입니다. 자주 입지 않는 옷들을 몇 년씩 묵혀두지 마십시오. 입지도 않는 옷을 옷장에 꽉 채워 두면 오히려 세탁비만 많이 나옵니다. 철마다 꺼냈다 넣었다 하며 쓴 세탁비만 모아도 새 옷을 몇 벌은 샀을 것입니다. 입지 않는 옷들은 옷장에 넣어두면 찌듭니다. 그러니 옷이 찌들기 전에 남들도 같이 입을 수 있게 나누어 주십시오. 만약 내 옷을 나누어 주고 내가 입을 옷이 없으면 사러 갈 형편이 분명히 만들어집니다. 자연의 에너지는 그렇게 돌려줍니다.

집에서 쓰던 가구도 어느 정도 쓰고 나면 그 물건을 쓸 사람이 오게 되어 있습니다. 그 사람은 형편이 좋지 않아 내가 쓰던 가구라도 준다면 좋아합니다. 나누어 주십시오. 프라이팬같은 것도 찌든 것을 쓰고 있던 사람은 내가 조금 쓰던 것을 주어도 엄청 좋아합니다. 이렇게 주고 나면 나는 또 "어? 홈쇼핑에 더 좋은 것이 나왔네." 하고 더 좋은 것을 살 수 있습니다. 그러나 쓰던 것을 계속 가지고 있으면 새 것을 사지 못합니다. 소비도 어느 정도는 해 주어야 나에게도 활력이 생기고 집안에 복도 불러들이게 됩니다. 너무 오래된 물건을 계속 가지고 있는 사람은 크지 못합니다. 새로운 물건을 쓸 때 새로운 생각을 하게 되어 발전하는 것입니다. 그러니 입던 옷만 자꾸 입으려 하지 말고 새 옷을 사 입으면서 창조적인 사람으로 바뀌어야 합니다.

질문으로 돌아가서, 이사할 때는 30%는 버려야 합니다. 과감하면 70%까지 버려야 합니다. 그렇게 하지 않고 물건들을 다 가지고 이사를 가면 그 수준에서 멈추어 더 이상 크지 못합니다. 그러니 아무리 못 버려도 30%는 추려내어 버려야 합니다. 만약 과감하게 정리해서 70%를 정리할 때도 40%는 남에게 줄 수 있지만, 30%는 너무 오래된 것들이라 그냥 버려야 합니다. 그리고 남은 30%는 지금 쓰는 것이니 가지고 가면 됩니다. 그렇게 하면 다시 기운을 불어 넣어 줍니다. 그러므로 우리가 이동을 할 때는 내 기운도 한번 바꾸어야 합니다. 이동수에 맞추어 내 기운을 전환하는 것은 굉장히 중요합니다. 이해됩니까?

정법강의 4439강
암癌 치유법

강의일자: 2015. 09. 28.

QUESTION

제가 암환자가 된 지 9년이 넘었습니다. 중간에 재발이 되어서 병원치료를 받다가 지금은 한의원에서 치료를 받고 있습니다. 그런데 그 한의원에서 받고 있는 치료 때문에 오히려 더 악화가 되고 있는 것 같습니다. 앞으로 제가 어떻게 해야 되겠습니까?

정법강의 4439강 암(癌) 치유법

암이 생기면 이 병을 낫게 하기 위해서는 굉장히 신경을 쓰는데, 내 고집이 남을 아프게 한다는 것은 신경쓰지 않습니다. 우리에게 아픔이 올 때는 분명히 원인이 있습니다. 그 원인 중에서도 제일 찾지 못하는 것이 '내 고집으로 인해서 내가 아프게 된다'는 것입니다. 지금 질문하시는 분은 고집이 보통 센 사람이 아닙니다. 이것을 주위에서는 아는데, 정작 자신은 모르고 있습니다. 아픔은 오늘 갑자기 아프게 되는 것이 아닙니다. 한참 진행되어서 지금 종양으로 드러나는 것입니다.

암은 고집이 세지 않으면 절대 생기지 않습니다. 고집도 여러 종류가 있는데 그 중에 하나를 예로 들면, 남들이 자신을 보고 고집이 세다고 할 때가 있습니다. 그러면 "나는 고집이 세지 않은데..."라고 합니다. 이때 상대가 한 번 더 "당신은 고집이 세다"라고 합니다. 그러면 더 힘주어 "나는 절대 고집이 안 세다니까요!"라고 합니다. 그때 또 다시 상대가 "당신은 정말 고집이 세다"라고 하면 "나는 죽어도 고집이 안 세다니까요!" 하며 말을 받아칩니다. 이렇게 받아치는 자체가 고집이 세다는 것을 의미합니다.

암을 치료하는 것도 중요하지만 치료하기 위해 만나는 인연도 중요합니다. 이때 좋은 인연을 만나려면 자신의 성격을 바꾸어야 합니다. 만약 환자가 되었는데 좋은 인연을 만나지 못하고 돌팔이를 만나면 시간만 끌게 됩니다. 그러면 병이 더 악화됩니다. 이럴 때는 의사를 탓할 것이 아니라 '나는 왜 자꾸 이런 사람을 만나게 되는지' 자신의 환경을 돌아보아야 합니다. 이렇게 하지 않고 병원이나 의사를 탓하면, 탓한 만큼 더 큰 아픔으로 돌아옵니다. 만일 지금 내가 아프다면 잘못 살아왔기 때문에 아픈 것입니다. 그래서 나으려면 내가 사는 방식을 반대로 바꾸어야 합니다. 그래야 약을 쓰든지, 무엇을 하든지 해서 병을 소멸시킬 수 있는 것입니다. '왜 나에게 이런 병이 왔는가? 나에게 잘못은 없는가?'를 찾아야 합니다. 왜? 나의 잘못이 가장 크기 때문입니다. 남이 잘못하든, 사회가 잘못하든, 지금 내가 어려워진 것은 나의 잘못이 가장 크다는 사실입니다. 그래서 사회를 탓하기 이전에, 원인은 무조건 나에게 있으니 먼저 나에게서 원인을 찾는 것이 내 병을 낫게 하는 최고의 지름길입니다. 내가 사람들에게 악한 말을 해서 상대의 마음을 아프게 하지는 않았는지 짚어 보아야 합니다. 남을 아프게 했다면 당장은 표가 나지 않지만, 결국 나에게 돌아옵니다. 내가 사람들에게 잘못한 것이 하나, 둘 모여서 나에게 돌아와 나의 세포를 변형시키는 것입니다.

인간은 3 : 7의 법칙으로 조물해 놓았기 때문에 70%는 좋은 DNA를 가지고 있고, 30%는 나쁜 DNA를 가지고 있습니다. 이 30%의 나쁜 DNA

는 언제든지 발복할 수 있습니다. 그래서 우리의 생활 습관과 살아가는 방법이 잘못되기 시작하면 좋은 DNA는 퇴화되고 나쁜 DNA가 발복해서 병이 오게 되는 것입니다. 좋은 DNA와 나쁜 DNA의 영향력이 3:7로 바뀌면 나에게 아픔이 옵니다. 5:5만 되어도 아픔을 느끼지 못합니다. 나쁜 DNA가 70% 발복하고 좋은 DNA의 영향력이 30% 미만으로 내려갔을 때 '아야!' 하고 아픔을 느끼게 되는 것입니다. 그래서 병이 나면 병을 낫게 하기 위해 병원에 가지만, 무엇보다 내 성격을 빨리 돌이켜 보고, 내 잘못이 무엇인지 찾아야 합니다. 잘못이 없는데 아픈 법은 절대로 없습니다.

질문하신 분에게 누가 와서 정법을 들어보라고 할 때는 뭔가 이유가 있지 않았겠습니까? 옆에서 권하는데 굳이 내 방법만 고집할 필요가 있느냐, 이 말입니다. 누가 와서 "교회에 가자" 하면 교회에도 한번 가 보고, 그러다 '나는 교회가 영 맞지 않는다'고 생각될 때 또 다른 사람이 뭘 해 보라고 하면 그것도 한번 해 보십시오.

아플 때는 남의 말을 듣는 것이 보약입니다. 내가 아프지 않을 때는 남이 나에게 어떤 말을 하지 않습니다. 내가 돈도 많고 잘 나가면 절대 나에게 뭐라고 하지 않습니다. 그런데 내가 몸이 아프든, 돈이 없든, 거지가 되든지 해서 기운이 떨어지면 나에게 간섭을 많이 합니다. 그때 그

말들을 다 받아들여야 그것이 약이 되어 새로운 눈이 뜨이고 세상이 보이게 됩니다. 이것이 영약입니다.

약에도 영약과 명약이 있는데, 이것은 음양의 이치입니다. 사람이 말하는 것을 받아먹는 것이 영약이고, 물질로 치료하는 약은 명약입니다. 사람 말을 들을 줄 모르고 무시하는 사람은 아파도 됩니다. 이것이 진짜 약인데도 약이 어디에 있는지를 모르는 것입니다.

내가 어려워질 때는 사람들이 간섭을 많이 합니다. 내가 그 말들을 주워 먹어야 나을 수 있습니다. 첫째가 영약이고, 둘째가 명약입니다. 왜 사람들이 해 주는 말을 듣지 않습니까? 말은 에너지입니다. 병원만 찾을 것이 아니라 사람들과의 관계를 잘해야 합니다. 사람들에게서 나오는 에너지를 먼저 받아야 내 에너지가 좋아져서 병을 이길 수 있습니다. 약은 그다음에 써야 하는 것입니다.

한 번 더 말하지만, 생각이 바뀌어야 합니다. 생각의 질량이 변해야 진행되던 병도 낫게 된다, 이 말입니다. 내가 좋지 않은 행동을 해서 생산된 아픔이라면, 생각을 바꾸어 바른 생각으로 바르게 행동할 때 치료가 되는 것입니다. 그래도 질문하시는 분이 7년, 10년 동안 이 병을 낫게 하려고 노력하고 있었다면 나을 수 있는 병입니다. 낫지 못할 병은 석 달도 가지 못합니다. '너무 늦었습니다. 많이 가면 한 2개월...' 이러면 낫지 못합니다.

그러면 병이 낫는 사람들은 어떤 사람들이냐? 병원에 다니면서 나으려고 애쓰는 사람들은 결국 죽습니다. 그런데 마음을 확 열고 혼자 산에 들어가는 사람은 병이 낫습니다. 혼자 산에 들어갔으니 남 탓을 하지 않게 됩니다. 그리고 외로우니까 나를 되짚어 보게 됩니다. 그러면서 산에서 악착같이 살려는 마음을 내려놓고 적어도 '남에게 피해를 주지 않고 살다가 죽어야겠다'는 생각을 하게 됩니다. 그래도 죽기 전까지 먹고는 살아야 하니까 소고기는 아니더라도 산에서 나는 풀도 뜯어먹고 하다 보니 생각이 변하게 되는 것입니다. 이렇게 생각이 변해야 치료가 되는 것입니다.
산에 간 사람 치고 죽은 사람은 없습니다. 그런 생각으로 산에 있었던 암 환자는 모두 죽지 않는다는 것입니다. 그러나 도시에서 살기 위해 버둥거리며 병원만 다니던 사람들은 다 죽거나 겨우 견디든지 합니다.

'나는 고집이 없다'고만 하지 말고 찾으십시오. 그리고 앞으로 사람들과 어떻게 어울려야 하는지를 찾으십시오. 그 사람들을 아끼고 사랑하면 내 몸에 있는 종양은 사라집니다. 천사가 아픈 것 봤습니까? 나를 아끼기 전에 상대를 아껴야 합니다. 그것이 나를 아끼는 것입니다. 그렇게 하면 내 병을 낫게 해 줄 인연도 자동으로 옵니다. 돌팔이에게 몸을 맡겨도 돌팔이가 희한하게 변해서 나를 다 낫게 해 줍니다. 그러니 의사에게 뭐라고 하지 마십시오. 나 때문에 의사가 실력을 발휘하지 못하는 것입니다. 꼭 고생해야 할 사람은 최고의 의사를 찾아가서 수술을 했는데, 뱃속에 가위를 집어 넣은 채 봉합을 합니다. 어떤 의사가 뱃속에 가위를 넣고 봉합하고 싶겠습니까? 눈이 감겨버려 그런 것입니다. 환자가 그런 일을 당해야 할 사람이기 때문에 그런 일이 일어나는 것입니다. 의사 잘못이 아닙니다. 의료사고는 그냥 나지 않습니다. 의사들은 전부 신기神氣를 가지고 있기에, 환자에 따라서 의사의 컨디션이 바뀐다는 것입니다.

그러니까 누구도 탓하지 마십시오. 남을 탓하는 만큼 내가 더 어려워지고, 탓하는 만큼 그 힘든 것을 절대 풀어주지 않습니다. 원인은 나에게 있으니 내 잘못을 찾으면서 치료하러 다니십시오. 내 잘못이 무엇인지를 찾아 눈물이 흐르는 날, 몸은 돌아오기 시작합니다. 이것이 답입니다. 正

정법을 알고도
그럴 사람은
없습니다!

정법강의 1963 - 1964강
사람을 아는 방법,
대화와 존중

강의일자: 2013. 06. 29.

QUESTION

사람을 알기 위해서는 여행이나 도박, 음주를 같이 해 보면 그 사람을 알 수 있다고 합니다. 또 밑바닥에 떨어져 보지 않은 사람은 사람의 심리를 알 수 없다고도 합니다. 정말 이렇게 해야만 사람을 제대로 알 수 있는지요?

정법강의 1963-1964강 사람을 아는 방법, 대화와 존중

사람을 아는 방법은 대화를 해 보는 것입니다. 이때 대화를 바르게 하기 위해서는 먼저 대화의 법칙을 알아야 합니다.

대화에는 위아래 대화가 있고 수평적인 대화가 있습니다.
사람과 사람 사이에는 위아래의 위치가 있는데 이것을 바르게 알아야 합니다. 그러면 무엇을 위아래로 볼 것이냐? 내가 모자람이 있어 도움을 받아야 한다면 지금은 아랫사람입니다. 내가 도움을 받아서 모자란 부분을 다 채우고 난 후 나중에 큰 일을 하게 된다면, 과거에 도움을 준 사람이 아랫사람이 됩니다. 그러나 도움을 받아야 하는 지금은 내가 아랫사람인 것입니다. 이렇듯 누구나 자기 자리를 찾을 때까지는 항상 아랫사람입니다.

지식인의 경우도 마찬가지입니다. 지식인이 경제가 필요하다면 경제를 가진 사람이 윗사람입니다. 그런데 도움을 받아야 하는 지식인이 경제를 가진 사람을 '돈만 가진 무식한 사람'이라고 비웃었다면 지식인이 오히려 무식한 것입니다. 돈이 필요한 사람에게는 돈을 가진 사람이 윗사람입니다.
경제를 가진 사람도 어느 정도 기본 자산을 가지게 되면 그다음에는 그 경제로 뭔가를 할 수 없어서 매우 답답해 합니다. 이럴 때 이 경제의 힘보다 더 큰 바른 지식의 힘을 갖춘 지식인이 필요합니다. 그래서 경제인은 돈이 하나도 없는 지식인에게 굽히고 들어가게 됩니다. 이때는 지식인이 윗사람이 되는 것입니다. 이렇게 위아래는 항상 바뀌는 것입니다. 우리가 윗사람을 대할 때는 내 것이 옳다고 주장하면 안 됩니다. 또 내가 상대를 모르면 상대가 하는 말을 많이 들어야 합니다. 상대의 말을 많이 들을수록 그 사람을 자동으로 알게 됩니다. 상대를 모르면서 내가 말을 많이 하면 나는 죽었다 깨어나도 그 사람을 알 수 없습니다. 오히려 상대가 나를 알게 됩니다.

그러므로 사람을 알려거든 상대의 말을 많이 들으십시오. 상대의 말을 많이 듣고 알게 된 정보 위에 내가 하고 싶은 말을 하는 것이 바르게 하는 것입니다. 상대를 전혀 모르면서 내 뜻대로 말해 이루려고 하면 잘못되는 것입니다. 지금까지 우리는 이런 원리를 모르고 사회에 접근했던 것입니다.

상대를 알아야 그 사람을 움직일 수 있습니다. 우리가 같이 술을 마셔 보고 여행을 가고 도박을 해 보는 것은 시간을 함께 하는 것입니다. 그런데 그렇게 백날 같이 있어도 상대의 말을 듣지 않으면 소용이 없습니다. 여행을 같이 하면 그 사람이 가진 장단점을 보게 됩니다. 도박도 하다 보면 그 사람의 성격이나 배짱을 알 수 있고, 또 술을 같이 마시다 보면 꺼내놓지 않던 이야기도 술에 취해 다 꺼내 놓기도 합니다. 물론 이런 것들이 나쁘다는 것은 아닙니다. 다만, 상대를 알고 싶다면 그 사람의 말을 많이 들어주면서 여행도 다니고 술자리도 하라는 것입니다. 만약 그 사람의 말을 듣지 않고 상대를 모르면서 행동을 하면, 내가 크게 실수하여 어려운 일이 생깁니다.

대통령도 국민을 알려면 국민의 소리를 많이 들어야 합니다. 대통령이 자신의 생각을 넣지 않고 100일만 국민의 소리를 듣는다면, 국민의 정서와 바람, 희망, 현재의 근기를 알 수 있게 됩니다. 이것을 바탕으로 국민에게 맞는 프로그램을 만들어 추진한다면 온 국민이 박수를 치며 따르게 될 것입니다. 지금 우리나라 대통령이면 이 정도의 지식은 갖추고 있어야 합니다.

마찬가지로, 회사의 사장이 100일만 직원들의 말을 들으려고 노력하면 회사 직원들의 근기를 알 수 있습니다. 이렇게 직원들의 상태를 파악하고 나면, 다스리기 쉽고 직원들을 이끌기 위한 프로젝트를 만들기도 쉽습니다. 이렇게 노력할 때 흩어지던 힘을 모아 일을 새롭게 추진할 수 있습니다.

가정도 마찬가지입니다. 집안이 어려워졌고 내가 그동안 집안에서 말을 많이 했다면, 집안에서 일어나는 일들이 내 생각과 맞지 않더라도

100일만 묵언하면서 다 들으십시오. 그러면 집안에서 일어나는 모든 일들이 전부 다 정리되어 저절로 알게 됩니다. 가족들 중에서 말하지 않고 100일 동안 견딜 사람은 없습니다. 말할 상대가 없으니까 컴퓨터나 스마트폰으로 이야기를 하고 있는 것입니다. 이런 것을 내가 잘 보면서 100일만 하고 싶은 말을 하지 않고 정보를 수집하고 듣기만 하면 집안사람들의 깊이를 운용할 수 있을 만큼 다 알게 됩니다. 그렇게 알게 된 만큼으로 일을 추진하면 그 일은 성공합니다. 성공하고 나서 한 단 더 좋게 하려면 환경이 나아진 시점에서부터 다시 100일 동안 입을 닫고 기운을 흡수하여 일을 추진하면 또 성공하게 됩니다. 100일이면 모든 성장과 일의 결과가 세상에 드러나 확인되기에 100일씩 하면 됩니다.

우리나라는 인류의 뿌리로써 사계가 뚜렷합니다. 한 계절이면 어떤 씨앗이든지 꽃을 피우고 열매를 맺을 수 있는 힘을 가지고 있습니다. 이것이 석달 열흘, 100일입니다. 크게 본다면 12년이 한 주기로, 이것을 4등분하면 3년씩입니다. 이 각각의 3년이 사계에 해당합니다. 그리고 1년을 다시 사계로 나누면 3개월이 됩니다. 이 3개월이 100일에 해당합니다. 그래서 100일 기도를 바르게 하면 무엇이든 이루어낼 수 있고, 100일을 노력하면 무엇이든 풀 수 있습니다. 그래서 100일을 노력하라는 것입니다.

정법강의 1963-1964강 사람을 아는 방법, 대화와 존중

QUESTION

대화를 해 보면 상대를 알 수 있다고 하셨는데, 많은 시간을 함께 보냈지만 서로 이야기를 하지 않은 경우와 많은 시간을 보내지는 않았지만 서로 이야기를 많이 나눈 경우, 물리적인 시간이 적더라도 서로 이야기를 나눈 사이가 더 가깝게 아는 사이라고 보아야 합니까?

'대화'에 대해 좀 더 세부적으로 풀어 봅시다. 내가 상대를 알려고 하면 상대의 이야기를 많이 들어야 합니다. 그런데 상대가 말을 하지 않을 때는 알고 싶은 사람이 먼저 물어야 합니다.
우리가 서로 자존심이 강하면 묻지를 않습니다. 그것은 상대를 알고 싶지 않다는 것입니다. 내가 상대를 알고 싶다면 나를 조금 꺾고 물어야 합니다. 그러면 상대가 말을 합니다. 이렇듯 나를 낮추어야 얻을 수 있는 것입니다.

우리는 내가 얻고 싶은 것인지, 내가 주고 싶은 것인지를 분별해야 합니다. 상대를 알고 싶다는 것은 내가 얻고자 하는 것입니다. 그러면 내가 아래로 내려가야 합니다. 이것은 자존심 문제가 아닙니다. 얻고자 하기 때문에 내려가야 하고 물어야 합니다. 물으면 낮아지는 것 같이 보이지만 상대를 알아야 상대 위에 올라갈 수 있는 것입니다. 뛰기 위해서는 움츠려야 하듯 여기에서 힘을 잘 갖추어 한 단 올라가는 것입니다. 그리고 상대가 대답을 하면 이해가 되지 않더라도 수긍하고 또 물어야 합니다. 내가 물은 후에 상대가 말을 하는데 "그것은 아닌 것 같습니다"라고 한다면 이것은 정말로 물은 것이 아니라 잘난 체를 한 것입니다. 그러면 상대의 말은 절대로 내 것이 되지 않습니다. 상대에게 물어서 상대가 말을 해 주면 나보다 조금 못한 수준이라도 이것을 무시하지 말고 받아들여야 합니다. 왜냐하면 처음에는 상대가 껍데기만 내어놓기 때문입니다.

내가 물었다고 처음부터 상대가 속의 질량까지 다 내어주지 않습니다. 처음에 내놓는 것은 껍데기에 해당하는 40%입니다. 껍데기는 우툴두툴해서 받아주기가 힘들지만, 이것을 인정하지 않으면 상대는 그다음 것들을 내어주지 않습니다. 상대의 것을 다 받아주는 아량이 있어야 상대도 조금 마음을 열게 됩니다. 그다음에 다시 물으면 중간 깊이인 30%가 나옵니다. 이것까지 다 흡수하고 나서도 상대를 존중하고 또 물으면 이제 제일 깊은 것까지 내줍니다. 그래서 세 번만 바르게 접근하면 상대를 다 알 수 있게 됩니다. 이것이 대자연의 법칙입니다. 그런데 처음에 물을 때 상대가 해 주는 말에 '그것은 맞다, 아니다'를 따지면 거기에서 끝나게 됩니다. 이렇게 해서 우리는 상대를 알 수 없었던 것입니다. 내 부인에 대해서 알려면 부인을 존중해야 합니다. 부인이 껍데기만 이야기하더라도 다 받아들이면서 존중하면 그다음에 중간 깊이의 것이 나오고, 이것을 또 받아들이면 제일 깊은 것을 내어놓습니다. 부모에게도 말하지 못했던 것까지도 다 내어놓습니다. 이렇게 모든 것을 싹 받아들이고 나면 그다음부터 부인이 하고자 하는 것을 내가 무엇이든 다 운용해 줄 수 있습니다. 이럴 때 부인에게 존경받기 시작합니다.

대화는 이렇게 해야 합니다. 무조건 술을 같이 마신다고 대화가 되는 것이 아닙니다. 술만 마시고 헤어지면 그것은 시간을 낭비한 것이 되기 때문에 진정으로 우리가 무엇을 이루려고 할 때는 더 힘들어집니다. 바르게 알고 접근해야 하고자 하는 일이 이루어지는 것입니다.

QUESTION

저는 새로운 사람을 만나게 되면 그 사람이 궁금해서 이것저것 많이 물어봅니다. 그러다 보면 취조하는 분위기가 되기도 하는데, 이것은 어떻게 조절해야 합니까?

물을 때는 상대가 질리지 않도록 물어야 합니다. 내가 무엇인가 물었을 때 상대가 아주 신나게 대답할 때가 있고, 짜증을 내며 대답을 할 때가 있습니다. 상대가 짜증을 낼 때는 내가 오버한 것입니다.

내가 처음에 물었을 때는 상대도 아주 재미있게 이야기를 해 줍니다. 이것도 작은 질량이 아닙니다. 상대가 자신의 시간을 써가면서 자신의 에너지를 그만큼 내어주는 것은 굉장히 고마운 일입니다. 이럴 때는 어느 정도 에너지를 받고 나면 고맙다고 표현을 하고 자리를 마무리해야 합니다. 그리고 같이 지내면서 차도 사고 밥도 사야 합니다. 차와 밥은 알고자 묻는 사람이 사는 것이지, 대답하는 사람이 사는 것이 아닙니다. 이렇게 하면 비용의 값어치는 나중에 분명히 받게 됩니다.

그렇게 편안하게 대화하면서 상대가 대답한 것들은 녹음하거나 필기해서 핵심내용을 적어 놓으면 좋습니다. 그러고 나서 집에 돌아와 이것을 다시 듣거나 보면서 정리하는 노력을 해야 합니다. 상대에게 물어서 상대가 대답을 해 주었는데 물은 사람이 그냥 내팽개쳐 버리면 이것은 정말로 알고자 한 것이 아닙니다. 그렇게 하면 나에게는 두 번 다시 더 좋은 것을 내주지 않습니다.

내가 노력을 했는지 안 했는지 상대가 모를 것 같지만, 사람 자체가 센서라서 정확하게 압니다. 그래서 다음에 술 한 잔 하면서 다시 물으면 전에 했던 말에서 맴돌게 됩니다. 왜 그러하냐? 상대가 전에 해 준 말을 가지고 정리해서 신중하게 다루는 노력을 내가 하지 않고 내버렸기 때문에 전에 했던 말과 비슷한 말을 또 해 주게 되는 것입니다. 그래서 30년이 가도 그 말을 또 듣게 됩니다. 그런데 상대에게 맨날 비슷한 이야기만 계속한다고 핀잔을 줍니다. 다시 말해, 상대가 말한 것을 대충 듣고 내버렸기 때문에 내가 소화하지 않아서 비슷한 말을 또 해 주는 것입니다.

한 번 더 말하지만, 상대에게 물었으면 그 사람으로부터 얻은 것을 신중하게 다루어서 정리할 줄 알아야 합니다. 그러고 나서 또 접근을 해야 중간 깊이의 30%가 나옵니다.
내가 노력하지 않으면 절대 주지 않습니다. 이것이 사람에게 에너지를 받을 수 있는 원리입니다. 그러니까 앞으로 대화를 할 때는 너무 많은 것을 물으려 하지 말고, 상대가 기분 좋게 이야기할 수 있을 정도까지 받았으면 일단 고맙게 여기십시오. 그리고 다음에 다시 만나서 물을 때까지 얻은 것을 정리할 줄 알아야 합니다.

QUESTION

말씀을 듣다 보니 한 사람을 사귀는 데에도 상당한 노력이 필요한 것 같습니다. 더불어 많은 사람과 대화를 하는 것도 좀 무리가 있지 않을까 하는 생각이 듭니다.

상대와 대화를 할 때는 녹음을 해서 집에 가서 다시 들어야 합니다. 다시 한 번 듣는 것은 참 좋습니다.
앞으로 대화하는 것은 전부 녹음을 해야 합니다. 우리 손에 들고 있는 스마트폰이 다 녹음기입니다. 터치만 하면 녹음되어 이제는 숨길 수가 없습니다. 오늘 내가 한 말도 녹음한 것을 들으면서 다시 검토해 보는 습관을 가져야 합니다. 앞으로 우리 국민들은 지적인 행동을 해야 하기 때문에 상대로부터 얻은 것은 잘 정리해서 흡수해야 하고, 내가 말한 것은 내가 책임지는 습관을 길러야 합니다.
과거 우리가 녹음기도 휴대할 수 없고, 스마트폰도 없었을 때는 누군가 이야기를 하면 전부 메모지에 적었습니다. 그리고 적은 것을 집에 가서 다시 검토했습니다. 현장에서 들은 말은 한 번에 흡수가 다 되지 않고, 두세 번은 들어야 흡수가 되기 때문입니다. 그러나 이제는 메모지에 적기에는 질량이 너무 큽니다. 그래서 스마트폰이 나오게 된 것입니다. 그런데 이것을 잘 활용하지 못하고 있습니다.

정법강의 1963-1964강 사람을 아는 방법, 대화와 존중

지금 이 세상에 나와 있는 어떤 기구器具도 자연입니다. 전자제품을 공해라고 생각하는데, 이것도 자연입니다. 어떤 시대가 되어 무슨 기기가 필요하면 자연이 변화를 일으켜서 그 기기가 생산되어 사람들이 쓰게 되고 구식의 기기는 쓰지 않게 되는 것입니다. 우리가 들고 있는 스마트폰도 잘 써야 합니다. 스마트폰에는 온갖 것이 다 있습니다. 녹음기뿐만 아니라 카메라까지 있어서 온갖 기록을 할 수 있습니다.
이것은 시작에 불과합니다. 세상을 바라보는 시각만 새 패러다임으로 달라지면 스마트폰 하나만 있어도 기자로 출세하여 우뚝 설 수도 있습니다. 세상에 어떤 일도 할 수 있습니다.

여러 사람들과 대화를 할 때도 녹음을 하십시오. 하루에 여러 사람을 만나야 할 경우에는 많은 질량들을 흡수해야 하기 때문에 녹음을 해야 합니다. 그리고 시간날 때 녹음한 것을 다시 검토해 보면 그때 느끼지 못했던 것들이 다시 들리고 느껴지고 찾아질 것입니다. 그러면 맥이 잡힙니다. 이런 것을 잘 정리해 놓고 또 다시 만나면 엄청난 것을 얻게 됩니다. 그렇게 잘 정리해서 질량이 어느 정도 모이면 스스로 문리가 일어나 그 질량만한 지혜가 열립니다. 그래서 녹음한 것을 다시 듣고 정리하는 것이 굉장히 중요합니다.

여러 사람들과 만나서 이야기를 들을 때는 여러 사람의 것을 전부 다 흡수하여 그만한 질량의 일을 해야 하기 때문에 지금 만나고 있는 것입니다. 그래서 녹음을 하고 나중에 그것을 다시 들으며 흡수해서 그들에게 필요한 일을 해야 합니다. 이해됩니까? 正

정법을 알고도
그럴 사람은
없습니다!

정법강의 4507강

낳은 정情 기른 정情

강의일자: 2015. 11. 15.

QUESTION

자기 자식인 줄 알고 키운 아이가 일곱 살이 되었을 때, 병원에서 아이가 바뀌었다는 연락을 받고 부모들이 자기 자식을 찾아가는 과정을 그린 영화가 있습니다. 스승님께서는 가족이면 이념이 같아야 한다고 말씀하셨는데, 이런 경우 일곱 살짜리 아이에게는 선택권이 없고 양쪽 부모들이 결정을 해야 할 것 같습니다. 기른 정 쪽으로 가야 하는지, 낳은 정 쪽으로 가야 하는지 여쭈어 봅니다.

정법강의 4507강 낳은 정(情) 기른 정 (情)

내 마음 가는 대로 하면 됩니다. 그냥 던지는 말 같지만 이것이 답입니다. 낳아준 부모라고 쫓아가지도 말고 길러준 부모를 남이라고도 생각하지 마십시오. 이 세상에 내 부모가 아닌 사람은 아무도 없습니다. 나에게 잘해 주는 사람에게 가십시오. 우리 아이들에게는 나에게 잘해 주는 사람이 나의 신神입니다. 그리고 나를 낳아주었더라도 나에게 잘 못해 주는 사람은 적敵입니다.

젊은 사람들도 마찬가지입니다. 내 부모라고 무조건 믿지 말고 부모가 나에게 어떻게 해 주는가를 보고, 부모가 나에게 잘 못해 주어 불평이 많아진다면 얼른 가정을 떠나십시오. 그것이 부모를 위하고 나의 앞날이 풀리는 길입니다. 지금 떠나면 고생을 좀 할 것 같더라도, 떠나십시오. 그러면 자연이 받아줄 것입니다. 자연은 그만한 용기가 있는 자를 받아줍니다. 만약 가정을 떠나면 누리던 혜택이 없어지고 어려워질 것 같아서 떠나지 못한다면 아직까지 겁이 많은 것입니다. 이런 사람은 자연이 받아주더라도 좋은 환경을 주지 않습니다. 과감하게 놓고 사회로 들어갈 때, 사회가 나를 받아주는 것입니다. 이것을 용기라고 합니다. 부모 밑에 머물려고 하지 마십시오. 이때까지 부모가 나를 키워주신 것에 감사하고 이 사회에서 나의 힘을 쓰고, 나의 길을 찾아야 합니다. 부모에게서 나의 길을 찾으려고 하지 마십시오. 그렇게 하지 않으면 나를 망치게 됩니다.

오늘날은 사회가 우리를 키웁니다. 부모는 우리를 키우는 것이 아니라 일부 뒷바라지를 해 줄 뿐입니다. 우리가 학교에 가서 교육을 받는 것도 이 사회의 환경으로부터 지원을 받아 교육을 받는 것입니다. 부모가 경제는 뒷바라지해 줄 수 있지만, 이것도 사회가 내 몫을 부모에게 준 것입니다. 결국 우리는 사회의 뒷바라지를 받고 있는 것입니다. 그러니 이제 우리는 사회의 자식이지 한 가정의 자식이라는 생각을 버려야 합니다.

사회가 우리를 키워주었다면 우리가 다 성장했을 때는 사회를 위해서 무엇을 할 것인가를 생각해야 합니다. 사회가 우리를 키워주었는데, 우리는 사회를 위해서 무엇을 했습니까? 자연이 우리를 키워주었는데, 우리는 자연을 위해서 무엇을 했습니까? 우리 할 일을 하지 못했을 때 어려움을 겪기 시작하는 것입니다. 우리는 도움을 받아서 성장을 할 때도 있지만, 우리가 다 성장했다면 도움 받은 것을 되갚아야 합니다.

그렇다면 도움 받은 것을 어떻게 지적으로 되갚느냐? 우리가 밥을 한 그릇 먹었다고 밥을 한 그릇 내놓는 것은 되갚는 것이 아닙니다. 그 밥 한 그릇에는 국민의 피땀이 서려있습니다. 우리가 이러한 혜택을 받으면서 성장했다면 이 사회에 그보다 더 빛나고 질량 있게 환원해야 합니다. 그럴 때 우리에게 어려움이 절대로 오지 않습니다.

인간은 동물과 다릅니다. 인간은 에너지를 주면서 키울 때가 있고, 그 에너지로 다 성장하고 나면 내 인생을 다시 사회에 돌려주어야 합니다. 이것이 인간이 사는 원리입니다. 부모가 나를 위해서 혼신을 다했다면 부모를 위해 내 인생을 불살라야 합니다. 그런데 오늘날은 그렇게 할 수 있는 사회가 아닙니다. 지금은 사회가 나를 키우는 것입니다. 사회가 나를 키웠다면 사회를 위해서 혼신을 다해야 하고, 나라가 나를 키웠다면 나라를 위해서 혼신을 다해야 하고, 인류가 나를 키웠다면 인류를 위해서 혼신을 다해야 합니다. 이것이 우리가 바르게 사는 원리입니다. 다시 말하지만, 우리는 분명히 사회가 키웠습니다. 어떤 방식으로든, 인류의 문물을 들여와서 사회가 우리를 성장시켰습니다. 그러므로 우리는 사회와 나라 그리고 인류를 위해서 무엇을 해야 하는가를 생각해야 합니다. 이 원리를 모르니, 무엇 때문에 어려운지도 모르고 계속 어려워지는 것입니다.

그러므로 낳아 준 부모든 키워 준 부모든 따지지 마십시오. 사회가 우리를 키우는 것입니다. 부모는 자신들이 해야 할 의무가 있어서 인연으로 만나는 것입니다. 그러니 감사해 하며, 우리가 이 사회에 빛나게 살 때 그분들에게 은혜를 갚는 것입니다. 이것이 효도입니다. 그런데 사회에 빛나는 일을 하지 못하고 존경을 받지 못하고 존중을 받지 못한다면 부모의 마음을 아프게 하는 것이니, 이것은 불효입니다. 부모에게 좋은 물질을 드린다고 부모가 기뻐하지 않습니다. 부모는 자식이 훌륭하게 되길 바라며 혼신을 다해 키우는 것입니다. 훌륭한 자식이 되려면 이 사회에 빛나게 살아야 합니다. 이때 부모가 즐겁고 기쁜 것이며, 이것이 진정 효도를 하는 것입니다.

여러분이 이 사람에게도 도움을 받은 것이 있거든 이 사람에게 갚으려 하지 마십시오. 여러분들은 이 사람에게 아무리 은혜를 갚아도 다 갚지 못합니다. 여러분이 이 사회에 빛나게 살 때 이 사람에게 은혜를 갚는 것입니다. 여러분이 인류에 빛나게 살 때 이 사람에게 큰 은혜를 갚는 것입니다. 이 사람에게 은혜를 받았다고 이 사람에게 잘하려고 하지 말고, 이 사회의 다른 사람들에게 조금이라도 잘하려고 노력할 때 이 사람이 기쁘고 보람 있는 것입니다. 하느님도 똑같습니다. 하느님이 우리에게 은총을 주었다고 우리를 하느님에게 바쳐서는 안 됩니다. 우리가 사람들을 널리 이롭게 할 때, 하느님이 기뻐하시고 우리를 품어 안는 것입니다. 그렇게 해서 우리가 천상으로 가는 것입니다.

앞으로는 부모를 바르게 알고, 이 사회를 바르게 알고, 자연을 바르게 아는 공부부터 해야 합니다. 효가 무엇인지를 바르게 알고 진정한 효를 해야 하는 것입니다. 과거로부터 전해 내려온 효를 무조건 따라간다고 내 인생이 잘되지 않습니다. 이제는 분석을 할 때입니다. 오늘날 우리 모두가 지식인들 아닙니까? 무식할 때는 그냥 따라가지만, 지식인이 되었다면 분석을 해서 바르게 잡아야 합니다. 이것이 홍익인간들이 해야 할 의무입니다. 홍익인간들이 이 땅에 와서 인류의 문물로 지식을 갖추고 성장했다면 인류를 위해서 무엇인가를 해야 할 의무가 있습니다. 그것을 행하지 못하면 나중에 피눈물을 흘리며 인생을 마감하고 천상에 오르지도 못합니다. 그러니 우리는 우리의 할 일이 무엇인지부터 알아야 합니다.

이제 어느 부모에게 가야 할지 분별이 됩니까?

정법강의 4393 - 4394강

사업 실패 후 재기

강의일자: 2010. 02. 04.

QUESTION

지금 주위에서는 사업에 실패하여 어려움에 처한 사람이 아주 많습니다. 다시금 자신을 뒤돌아보고 새롭게 공부를 해야 함이 옳습니다만, 그 방법에 대해서 좀 더 구체적으로 말씀해주시면 고맙겠습니다.

지금 사업을 한다고 하면서 사업은 하지 않고 장사를 하기 때문에 다 실패하고 어려움을 겪는 것입니다. 앞으로는 똑바로 하지 않으면 전부 다 실패하여 어려움을 겪게 됩니다.

이 사회가 바르게 가기 위해서 지금까지는 준비를 했고, 이제부터는 행해야 합니다. 우리 부모님들은 우리가 바르게 살아가기를 염원하며 바르게 키우기 위해 노력했고, 우리는 그 염원을 담아서 이 세상을 이만큼 이루어 놓았습니다. 한 사람, 한 사람의 염원이 모여 양이 꽉 차서 그 양이 이제 질로 변했습니다. 질로 변하고 나면 어떻게 되느냐? 바르게 가지 않으면 전부 다 어려움을 겪게 됩니다.
이제는 사업을 해야지, 장사를 하면 안 됩니다. 그런데 전부 다 작게 하든, 크게 하든 장사를 하고 있습니다. 그래서 존경받지 못하고 불신을 당하고 있습니다. 지금은 어떠한 일을 해도 불신합니다. 왜냐하면 바르게 하지 않기 때문입니다. 바르게 하는데 불신하는 법은 절대 없습니다.

사람이 아프면 한약방에 갑니다. 한약방에 가면 작은 종이를 펼쳐놓고 거기에 진피를 두 개 놓습니다. 진피는 귤 껍질을 말린 것으로, 생긴 모양은 거무튀튀하고 또 먹고 나면 껍질은 버리니 약처럼 보이지도 않습니다. 그 진피 두 개 그리고 감초 두 개, 땅에서 나는 말린 풀 이파리 두 개, 무슨 뿌리 썬 것 두 개를 놓습니다. 이렇게 하나씩 놓고 보면 '이것이 뭐 약이 되겠는가?' 싶지만, 이것을 전부 다 모아 놓으면 약이 됩니다. 그러면 의사가 이것을 집에 가서 푹 다려 먹으라고 합니다. 이렇게 하면 낫습니다.

그런데 아픈 사람이 진피 두 개 넣는 것을 보고는 '그게 무슨 약이 되겠느냐?'고 하고는 진피 두 개를 뺍니다. 또 감초 두 개를 넣는 것을 보고 '그것도 무슨 약이 되겠는가?' 하는 생각에 빼라고 합니다. 풀 이파리도 또 그렇게 보이니 빼라고 합니다. 그런 식으로 다 빼버리면 약이 됩니까, 안 됩니까? 안 됩니다. 환자는 의사가 처방해 준 대로 말없이 달여 먹을 때 낫는 것입니다.

사업에 실패한 사람 역시 환자입니다. 다만 사업에 실패한 사람은 한약방에 가는 것이 아니라 사회에 던져집니다. 그렇게 환자가 되어 사회에 나오면 어떤 일이 일어나느냐? 다가오는 사람들이 한 마디씩 합니다. 그럼 이때 어떤 사람들이 다가오느냐? 예전에는 나보다 못나서 발의 때로도 여기지 않았던 사람들이고 내가 뭘 할 때는 끼지도 못했던 사람들이라 내가 상대조차 하지 않던 사람들입니다. 그런데 내가 망하고 나니까 다가와서는 나에게 충고를 한다고 한 마디씩 하는 것입니다. 더럽고 치사해도 듣게 됩니다. 이제부터는 들을 일이 자꾸 생깁니다. 예전에는 내 앞에서 감히 쪽도 못 쓰던 사람이 이제는 나의 일에 간섭을 합니다. 이렇게 간섭을 하는 것이 진피 몇 개가 들어온 것입니다. 또 다른 사람이 몇 마디 간섭을 합니다. 이번에는 감초가 두 개 들어온 것입니다. 이렇게 가는 곳마다 사람들이 한 마디씩 합니다. 이것이 바로 처방입니다. 망한 사람은 그런 소리를 듣기 싫어합니다. 듣기 싫어하는 것이 바로 처방전에서 진피 두 개를 빼 버린 것입니다. 나 보다도 못했던 사람이 한 마디씩 하니까 "알았으니까 너나 잘해!" 하며 받아 먹지 않고 빼 버린 것입니다. 또 누가 말을 하니 "너, 잘났다" 하며 무시합니다. 그렇게 풀 이파리 두 개 빼고 뿌리 썰어 놓은 것도 빼고 다 빼버린 것입니다. 이렇게 하면 어떻게 되느냐? 어려운 처지에서 한 단계 더 내려가게 됩니다. 그러면 전에 발의 때만큼도 못하게 여기고 무시했던 사람들보다 더 낮은 수준의 사람들이 나에게 한 마디씩 하는 데로 갑니다. 이제 중병이 된 것입니다. 그러니 시궁창에 있는 구더기도 두 개 넣고 번데기 같이 먹기 좀 혐오스러운 것도 두 개 넣은 처방을 줍니다. 그런데 그런 사람들이 말하는 것을 또 듣지 않고 물리쳐 버립니다. 그 약을 먹지 않으면 또 한 단계를 더 내려가게 됩니다. 어려워진 사람은 뒤로 넘어져도 코가 깨진다고 하지 않습니까? 어려워진 사람이 계속 어려워지는 이유가 바로 여기에 있습니다. 환자는 말이 없어야 합니다. 답은 이것입니다.

사업에 망한 사람은 할 말이 없는 것입니다. 아픈 사람은 의사 앞에 가서 이런 저런 말을 하면 안 됩니다. 진맥을 받아 처방해 주는 대로 감사하게 생각하며 그것을 받아 먹으면 낫습니다.

사업에 망한 사람은 분명히 환자입니다. 환자는 누가 어떤 말을 해도 달게 씹어 먹어야 합니다. 그 말이 굉장히 쓰지만 쓴 것이 약이 된다고 하지 않습니까? 사람들이 하는 말이 나에게 쓴 약인 것입니다. 이것을 먹지 않으면 나에게는 에너지가 돌지 않습니다. 그러니 충분히 들어야 합니다. 이 사람, 저 사람 말하는 것이 처음에는 질이 낮으니 별 것 아닌 것 같지만, 이 말들이 나에게 다 들어오면 내 기운이 돌고 문리가 터져서 아이디어가 나오고 다시 일어설 수 있는 힘이 생깁니다. 그런데 처방을 무시하고 멀리하면 두 번 다시 일어나지 못합니다.

내가 환자가 되면 내 앞에 약이 옵니다. 이때 약을 먹지 않으면 나는 절대 일어날 수 없습니다.

대자연이 그 작업을 하는 것입니다. 이것이 하느님의 섭리이고 하느님께서 우리에게 주는 에너지입니다. 그런데 우리가 이 깊이를 모르고 나 잘났다고 하면 더 어려운 지경에 가게 되고, 조금 더 잘난 척을 하면 조금 더 어려운 지경으로 가는 것입니다.

아픈 환자가 병원에 누워서 아는 척을 하며 자기가 시키는 대로 하면 낫는다고 이야기를 합니다. 이때 그 사람의 말을 그대로 따르면 어떻게 되느냐? 아픈 환자가 시키는 대로 하면 나도 환자가 됩니다. 마찬가지로 사업에 망한 사람이 자신이 뭔가를 잘 안다며 사람들에게 이야기할 때 그것을 듣고 그 사람 말이 맞는 줄 알고 그대로 하면 어떻게 되겠습니까? 망합니다. 그러니까 망한 사람이 하는 말은 절대 듣지 마십시오. 답은 우리 앞에 다 나와 있습니다. 세상에는 음양의 이치가 있어서 우리에게 선택권을 줍니다. 바르게 갖추고 있는 자는 바르게 가는 답을 선택할 것이고, 자신을 갖추는 것을 소홀히 하고 요행을 바라는 자는 틀린 답을 손에 쥐게 되어 어려워질 것입니다. 아닌 답만 주는 법은 절대 없습니다. 바르게 가는 답을 같이 줍니다. 그러니 우리는 분별을 바르게 해야 합니다.

다시 말하지만, 망한 사람의 말은 절대 듣지 마십시오. 이것은 대자연의 법칙입니다. 도움을 받고 싶다면 망한 사람의 말은 무시하고 잘나가는 사람에게 도움을 받아야 합니다. 잘나가는 사람이 이야기하는 것은 무조건 따르면 됩니다. 또 아픈 사람이 이야기하면 그대로 따르지 말고, '아직까지 입이 살아서 할 말이 있구나, 너는 병원에서 몸만 낫고 가면 정확하게 병원에 또 들어오겠구나' 이렇게 분별하면 됩니다. 대개 병원에 있는 사람이 말이 많습니다. 병실을 여기저기 다니며 오만 사람들에게 온갖 아는 척을 다 합니다. 자기는 며칠 후면 병원에서 나간다며 인

사하고 다닙니다. 그렇게 나가고 나서 얼마 후에 보면 다시 병원에 들어와 있습니다. 단골이 된 것입니다.

그 사람은 아직까지 고쳐지지 않은 것입니다. 몸은 고쳐졌지만 정신이 아직 고쳐지지 않았기 때문에 병원을 나가도 또 얼마 있으면 다시 오게 되어 있습니다. 그런데도 계속 말을 많이 하면 또 옵니다. 3년 후에도 또 병원에 와 있습니다. 이제부터는 병원에서 아예 놉니다. 입을 닫지 않는 이상 병원 출입을 끊지 못하는 것입니다. 그래서 어려워진 사람은 입을 닫아야 한다는 것입니다.

환자는 에너지를 아껴야 합니다. 그리고 남의 에너지를 먹어야 합니다. 환자는 내 힘으로 일어나지 못하니 환자입니다. 내 앞에 오는 사람들의 에너지를 한 뜸이라도 먹으면 소생할 힘이 쌓입니다. 아주 쓴말도 듣고 단말도 듣고, 조금 듣기 거북한 말도 들어야 합니다. 이것이 전부 다 처방 약입니다. 이런 말을 들으며 말없이 쓸어안고 속으로 피눈물을 흘리고 있다면, 이것이 바로 탁한 것을 쓸어내리는 고름입니다. 이런 것들을 쓸어내리면서 내 자신을 또 돌아보아야 합니다. 환자에게는 사람들의 말이 약입니다. 엄청나게 독기 서린 말도 내가 먹으면 약이 되는 것입니다. 사람으로부터 듣는 말은 엄청난 에너지입니다. 처방을 받아서 전부 내가 스스로 쓸어안을 때, 비로소 힘이 나고 소생할 수 있는 아이디어가 떠오릅니다. 그래서 다시 일어나면 이제는 두 번 다시 내가 아는 척을 하지 않고 사람들이 나에게 주는 가르침을 받아서 세상을 지혜롭게 살아가야 합니다.

잘난 척 하는 사람은 정확하게 망합니다. 지금 조금 잘 살고 있다 하여 잘난 척을 하고 있다면, 그 사람은 얼마 후에 정확하게 망합니다. 잘난 척은 금물입니다. 예부터 "알고도 몰라라"라고 하지 않았습니까? 알고도 몰라야 하는 것입니다. 이 말은 꼭 필요할 때 쓰되, 있어도 있는 척 하지 말 것이며 안다고 해서 아는 척 하지 말라는 뜻입니다. 그런데 이것이 지금 상실되고 있는 것입니다. 이제는 내가 잘난 척을 하면 그만한 대가를 지불해야 합니다. 그러니 내가 상대에게 한마디 할 때는 진심으로 상대를 위해서 해야 합니다. 이것은 잘난 척이 아닙니다. 나를 위해서 하지 말고 진심으로 상대를 위해서 하십시오. 잘난 척하는 것은 상대를 위하는 것이 아니라 나의 한恨을 풀고 있는 것입니다.

앞으로 사업이 안 되고 어려워질 때도 있고, 하던 것이 안 될 때도 있습니다. 이럴 때 분명히 치료하는 법은 입을 닫는 것입니다.
이 사람의 이야기를 조금 하자면, 이 사람이 산에 들어갔을 때 10여 년 동안 묵언을 했습니다. 입을 닫은 것입니다. 입을 닫으니 어떻게 되었느냐? 내 에너지를 잃어버리지 않았습니다. 지나가는 거지가 내 옆구리를 들고 차면서 말하는 것도 씹어 먹으며 입을 열지 않았습니다. 잘난 척하는 무당이 나에게 말을 해도 그냥 다 씹어 먹었고, 아는 것 많은 중이 와서 충고를 해도 다 씹어 먹었습니다. 오만 사람이 충고하는 것을 한마디 말도 하지 않고 피눈물로 씹어 먹었습니다. 그래서 오늘날의 '스승'이 되었습니다. 세상의 모든 일을 사랑할 수 있게 되었고 모든 이들이 풀지 못하는 답을 풀어 줄 수 있는 세상에 필요한 사람으로 변했습니다. 지혜가 열린 것입니다. 모든 약을 먹으면 스스로 기운이 살아나고 그들의 에너지를 먹은 만큼 자신은 크게 성장한다는 사실입니다.

우리가 어려워졌을 때는 입부터 닫으십시오. 내가 많은 것을 듣고 입을 닫으면 그것이 전부 다 영약으로 변해서 나를 소생시킵니다. 남 탓을 하지 말고, 상대방이 나에게 한마디 하는 것을 잘난 척하는 것으로 듣지 마십시오. 내가 어려울 때는 상대가 잘난 척하는 것이 잘난 척이 아니라 나에게 약을 먹이고 있는 것입니다. 그러니 상대를 항상 고맙게 여기고 그들을 사랑할 줄 알아야 합니다. 그렇게 될 때 그들에게 필요한 지혜가 스스로 열려서 훌륭한 작품을 생산하고 그들을 이롭게 하는 사업을 할 수 있습니다.

정법을 알고도
그럴 사람은
없습니다!

정법강의 3610 - 3611강

1인 가구의 행복

강의일자: 2014. 12. 21.

QUESTION

혼자 사는 1인 가구가 급증하면서 2013년에는 총 가구 수의 25%를 넘어섰다고 합니다. 이에 따라 소형 아파트, 소형 가구들의 수요가 증가하면서 새로운 시장으로 급부상하고 있습니다. 1인 가구의 증가 원인으로는 결혼 가치관의 변화, 개인주의의 확산, 청년세대의 경제적인 어려움, 이혼 증가, 독거노인 증가 등이 있습니다. 1인 가구는 통제나 간섭받는 일 없이 자신의 기분에 맞춰서 생활이 가능한 장점이 있는 반면, 외로울 수 있고 아플 때 돌봐줄 사람이 없어서 위급한 상황에 대응하기 어렵다는 단점이 지적되고 있습니다. 1인 가구의 증가가 이 시대에 주는 의미는 무엇이며, 1인 가구가 어떻게 하면 행복하고 바르게 살아갈 수 있을지 스승님께 여쭙고 싶습니다.

정법강의 3610-3611강 1인 가구의 행복

요즘 1인 가구가 많이 늘어나지요? 이 사람이 1인 가구의 본보기입니다. 산에 들어가서 17년 동안 진짜 1인 가구로 살았습니다. 그때는 산이 온통 내 집이었습니다.

왜 지금 1인 가구로 분리가 되느냐? 우리만큼 가족중심으로 살던 민족이 없었습니다. 그런데 2차 대전 이후로 인류에 있는 모든 환경의 에너지가 들어와서 접하고 살다 보니 생각이 다 달라진 것입니다. 이것이 1인 가구가 생기게 된 원리입니다.

가족들 간에도 각자 생각이 달라졌습니다. 생각이 다르면 같이 살 수 없습니다. 생각이 조금 다를 때는 같이 살 수 있지만, 질량 있는 생각을 하기 시작하면서는 생각이 다른 사람과 섞여 사는 것이 힘들어집니다. 왜 그러하냐? 질량 있는 생각을 하기에 그 질량끼리 부딪치면 서로 싸우게 되고 결국 헤어지게 되는 것입니다.

우주에서 일어나는 별들의 전쟁도 똑같은 것입니다. 지금 대자연은 70% 만큼 운용되었기 때문에 별들이 엄청나게 진화해서 에너지 밀도가 굉장히 강해졌습니다. 그래서 강한 밀도와 강한 밀도가 만나면 조금만 달라도 크게 부딪칩니다. 이렇게 부딪치고 나면 엄청나게 멀리 떨어지게 됩니다. 그런데 만약 가지고 있는 질량이 같으면 서로를 당기게 됩니다. 이때는 부딪쳐서 떨어지는 것이 아니라 '쏴악' 융합하게 됩니다.

우리 사회에 1인 가구가 많이 생기는 이유 역시 마찬가지입니다. 서로의 생각이 상충되면서 서로가 서로를 이해하지 못하게 되니 분리되는 것입니다. 분리되어도 살아야 하니까 1인 가구로 살면서 자신만의 영역을 만듭니다. 다시 말해, 작더라도 자신의 공간에서 침해받지 않으려는 것입니다. 이것은 우리의 기운이 그만큼 커졌다는 말도 되지만, 반면에 이 큰 기운으로 누구와도 맞출 수 없어 외로워졌다는 말도 됩니다.

그러면 1인 가구로 분리되어 나왔다면 무엇을 해야 하느냐? 나의 질량을 높여야 합니다. 1인 가구가 되면 다른 논리로 침해를 받지 않고 나의 질량을 키울 수 있는 시간이 주어집니다. 즉, 나의 공간에서 내 공부를 할 수 있는 시간을 받은 것입니다. 우리 사회가 그만한 뒷받침을 해 줄 수 있는 질량이 되었습니다. 만약 사회가 뒷받침을 해 주지 않으면 혼자 있을 수 없습니다.

이때 내 질량을 키우기 위해 정법공부를 한다면 3년도 할 수 있고, 7년도 할 수 있습니다. 완성하고자 한다면 10년이 걸리지만, 기본적으로 3년을 공부하면 밀도 있게 질량을 갖추게 됩니다. 그렇게 되면 누구와도 섞

일 수 있는 힘을 가지게 됩니다. 상대를 이해하고 받아들일 수 있는 질량이 된다는 말입니다. 내 에너지 질량이 커지고 밀도가 커지면, 상대의 작은 밀도는 흡수할 수 있게 되어 내 힘도 커지는 것입니다.

인간이 사는 원리는 별과 똑같습니다. 한 사람, 한 사람이 별입니다. 별은 에너지 질량이 모여서 밀도가 강해졌을 때 되는 것입니다. 마찬가지로 인간도 70%까지 계속 진화해서 밀도가 강해지니까 별이 되는 것입니다. 인간은 70%까지 오기 위해 3차원과 4차원을 오가며 윤회를 반복하면서 자신의 밀도를 키워왔습니다. 오늘날 우주가 70% 운행이 되었고, 인간의 진화도 70%가 되었습니다. 이렇게 밀도가 강해져 서로 기싸움을 하는 것입니다. 그 결과 서로 이해가 되지 않으면 부딪치고 상처를 입게 됩니다. 그래서 상처를 입지 않기 위해 개인의 보금자리를 만드는 것입니다.

그러면 평생 동안 1인 가구로 살아야 하느냐? 아닙니다. 1인 가구가 되었다면 우선 간섭받지 말고 자신의 질량을 키워야 합니다. 공부를 더 해서 자신의 질량을 더 키우면, 상대를 다시 만났을 때 상대가 가지고 있는 생각의 질량을 흡수하게 되어 서로 하나가 됩니다. 혼자 외롭게 사는 것에서 벗어나게 됩니다. 더 크고 좋은 집을 마련하여 이웃으로 살기 시작하면서 이쪽 집, 저쪽 집을 서로 오가다가 나중에는 같이 살 수도 있는 것입니다.

이제 우리는 더 이상 외로워지면 안 됩니다. 자신의 질량을 키우지 못하면 평생 혼자 살아야 합니다. 이렇게 되면 실패작입니다. 사람은 사람과 함께 살아야 합니다. 자신의 질량과 밀도가 모자라서 자꾸 부딪치고 상처를 입으니까 더 골병들지 말라고 일단 분리를 시켜 준 것입니다. 그런데 분리를 하고 싶어도 형편이 안 되는 사람들도 있습니다. 이런 사람들은 사회에서 아직까지 그만한 질량을 뒷받침해 주지 않아 못하고 있는 것입니다. 그러나 1인 가구의 환경을 받은 사람들은 공부를 열심히 해서 자신의 질량을 더 좋게 키워야 합니다. 그래야만 훗날 아주 우수하고 좋은 사람과 함께 할 수 있습니다.

지금은 사람들과 교류를 해도 자신의 질량이 모자라서 상대가 굉장히 밉기도 하고 서로 다투기도 합니다. 하지만 자신의 질량을 갖추어 사람들과 대화가 잘되면 미운 사람이 없어집니다. 자신보다 질량이 낮은 사람은 흡수하고, 서로 질량이 같은 사람끼리는 교류하고, 또 자신보다 질량이 높은 사람에게는 항상 그 기운을 받으면서 자신을 갖추다 보면 미운 사람이 없어지는 것입니다.

질량이 어중간한 사람이 다른 사람을 미워하게 됩니다. 자신의 질량이 어중간해서 이 논리와도, 저 논리와도 맞추지 못하기 때문입니다. 상대가 나에게 맞출 수 있는지를 생각하지 말고 내가 상대에게 맞출 수 있는 실력이 있는지를 생각하십시오. 상대를 미워하면 내가 그 수준에서 멈추어 버리게 되고, 그러면 자신의 질량은 올라가지 않습니다.

내가 상대에게 맞출 수 있는 실력이 없다면 먼저 내 공부를 해야 합니다. 내 공부를 하면 기운의 밀도가 좋아져서 사람을 얻게 됩니다. 이렇듯 다른 사람의 생각을 포용할 때 사람을 얻을 수 있습니다. 이때 기운이 커지게 됩니다. 내가 10명의 사람을 얻고 나면 대자연이 나에게 10명을 운용할 수 있는 힘을 주고, 그다음 100명의 사람을 얻으면 100명을 운용할 수 있는 힘을 주게 됩니다. 그런데 내가 관리도 잘하지 못하고 운용도 잘하지 못하면서 대자연에 무엇을 달라고 하면 주지 않습니다. 시대의 질량이 높아진 만큼 질 높은 환경을 우리가 만들어야 거기에 힘을 주는 것입니다. 그렇게 해서 우리가 지도자로 바뀌기 시작하는 것입니다.

1인 가구 시대가 되었다는 것은 공부하는 시대가 열렸다는 것입니다. 그런데 1인 가구로 있으면서 또 돈을 벌어 나 혼자 먹고 사는 데만 신경을 쓰거나, 거기에 빠져 외로워하고 있으면 내 공부가 되지 않습니다. 이 사회에서 공부를 하고 있는 중입니다. 내가 사회를 공부하며 3년 동안 열심히 노력하면 내 질량이 바뀝니다. 내 질량이 바뀌면 사람을 대하는 것이 달라지게 됩니다.

1인 가구를 또 다른 관점에서 보면 유배를 당한 것으로 볼 수 있습니다. 실력없이 자꾸 부딪치니까 떨어져서 공부하라고 내보낸 것입니다. 여기에서 내 공부를 열심히 하여 질량이 좋아졌을 때 다시 사람들과 합세할 수 있는 힘이 갖추어지는 것입니다. 만일 내 공부는 하지 않고 남을 탓하면서 3년이라는 시간을 그냥 보내버리면 어떻게 되겠습니까? 내 질량이 올라가지 않아 혼자 지내는 상태에서 한 단계 더 떨어집니다. 그렇게 되면 내가 쓸 수 있는 사회 환경이 더 좁아지기 때문에 혼자 고생하면서 그만큼 더 어려운 공부를 해야 합니다. 정확하게 그렇게 만들어 줍니다. 이것을 실험해 보고 싶은 사람이 있습니까? 그러면 미련한 것입니다. 이 사람이 가르쳐 주는 것이 이해가 된다면 '아~ 우리가 외로워졌다는 것 자체가 스스로 공부를 하라는 것이구나' 하고 3년만 노력하면 정확하게 길이 열립니다.

우리가 계속 정신차리지 못한다면 전부 다 분열되어 살아야 합니다. 그러면 사회가 큰일납니다. 우리의 이념이 같아지면 그때는 항상 만나고 싶어 합니다. 이념이 같은 사람들은 만나면 동질성을 느끼게 되어 같이 생활을 해도 서로에게 힘이 되기 때문에 전부 하나가 되어 갑니다.

지금 사회는 일반지식은 다 갖추었습니다. 일반지식은 이미 풍부합니다. 인터넷에 들어가면 전부 다 공유할 수 있고, 지금도 계속 인터넷으로 들어오고 있습니다. 지금 우리는 진리에 목이 마른 것입니다. 그동안 우리에게 진리를 주는 사람이 없었기 때문에 영혼이 자꾸 목말라하고 약해졌던 것입니다. 진리의 지식이 들어와야 우리의 영혼이 살찌고 기름지고 빛나게 되는데 진리를 가르쳐 주는 자가 없었던 것입니다.

인간에게는 육신과 영혼 즉, 원소 에너지가 있습니다. 육신은 물질을 잘 섭취해서 보존하는 것이고, 영혼은 지식을 흡수해야 빛나고 건강해지는 것입니다. 그래서 인간은 비물질인 지식도 흡수해야 하고 물질의 밥도 섭취해야 합니다. 육신과 영혼이 공존하고 있기 때문에 지식에 목마를 때는 아무리 맛있는 밥을 먹어도 영양으로 가지 않는 것입니다. 그래서 이 사람이 영혼에 필요한 진리의 지식을 가르치고 기운을 주기 위해 나온 것입니다.

일반지식은 사회에 다 있습니다. 우리는 저마다 소질을 갖추며 일반지식은 다 접했습니다. 아직도 접해보지 못한 일반지식은 인터넷에 들어

가서 찾아보면 전부 다 흡수할 수 있습니다. 우리가 그만한 질량이 되었기 때문입니다. 그러나 진리의 지식은 70% 위에 있는 지식입니다. 이것을 먹지 못한 채 시간이 가면 우리의 영혼은 메마르게 되어 삶의 길을 찾지 못하게 됩니다. 지금까지 이 진리의 지식이 빠져 있었던 것입니다. 이제 이 사람이 이 진리의 공부를 가르치고 있으니 외로운 시대는 곧 끝납니다.

우리 국민은 이념이 같아지면 혼자 살지 않습니다. 혼자 살라고 해도 혼자 못 삽니다.
그러면 이념은 어떤 이념이냐? 홍익이념입니다. 이제는 홍익이념으로 뭉치게 됩니다. 인류의 이념 중에서도 최고의 이념이 홍익이념입니다. 이때까지는 홍익이념이라고 말만 했지 진짜 홍익이념이 나오지 않았습니다. 홍익인간들이 이제 출현했기 때문에 홍익이념은 이제부터 나오는 것입니다. 홍익인간들이 홍익이념을 공부해서 우리의 진로를 전부 다 열어가야 합니다.
이제 홍익인간들을 외롭게 살면 안 됩니다. 이념이 같은 사람들은 혼자만의 공간이 있더라도 서로 왔다갔다 하면서 모이게 됩니다. 그런데 이념이 없으면 혼자 외롭게 지내야 합니다. 계속 문을 닫고 살면서 누군가 다가오면 불편해 합니다.

불편하지 않으려면 어떻게 해야 하느냐? 말이 통해야 합니다. 말이 통하면 우리집에 오는 것도 싫어하지 않습니다. 오히려 자꾸 더 오라고 하고 나도 상대의 집에 가게 됩니다. 그런데 2~3번 우리집에 왔다가 말이 통하지 않으면 오는 것이 싫어집니다. 다음부터 집에 오지 못하게 하고 자꾸 피합니다. 이렇게 해서 단절되는 것입니다.

나의 질량이 높아지지 않으면 말이 통하지 않게 되어 있습니다. 그러나 나의 질량이 높아지면 그만큼 질량 낮은 것이 소화되어 비로소 외로움에서 벗어나게 됩니다.

정법을 알고도 그럴 사람은 없습니다!